Rudolf Kaulla
Der Liberalismus und
die deutschen Juden

Der Liberalismus
und die deutschen Juden

Das Judentum
als konservatives Element

Von

RUDOLF KAULLA

MÜNCHEN UND LEIPZIG / 1928
VERLAG VON DUNCKER & HUMBLOT

Pierersche Hofbuchdruckerei Stephan Geibel & Co., Altenburg, Thür.

Inhaltsübersicht.

Einleitung.

Der Einfluß der Juden auf das Staatsleben wird sehr häufig von Politikern, die auf einem konservativen Standpunkt stehen — das Wort konservativ im allgemeinsten, nicht im rein parteipolitischen Sinn genommen — zusammenfassend als ein „zersetzender" bezeichnet und bekämpft. Mit diesem Ausdruck ist eine Gedankenrichtung gemeint, die der konservativen entgegenläuft, autoritätsfeindlich in ihrem innersten Wesen ist und daher feindlich allen den Einrichtungen und Überlieferungen gegenübersteht, die der überkommenen Autorität eine Stütze bieten. „Zersetzend" habe viele Jahrzehnte lang der Einfluß der Juden auf den vaterländischen Sinn des deutschen Volkes, auf seinen religiösen Sinn, auf seinen Sinn für Zucht und Ordnung und Sitte in jedem Belang gewirkt. Die Revolution erscheine als das folgerichtige Ergebnis einer Entwicklung, die diesen Einfluß gewähren ließ.

Sieht man näher zu, so sind es die von dem Liberalismus — auch diese Bezeichnung im weitesten Sinn genommen — auf allen Gebieten vertretenen und genährten Gedanken, die in diesem Einfluß ihre Auswirkung fanden. Der Liberalismus kämpft für die Freiheit der Persönlichkeit, für ihr Recht auf möglichst freie Entfaltung. Der Begriff der Freiheit verneint aber den Zwang und Zwang läßt sich vom Anspruch auf Autorität nicht trennen. Liberalismus bedeutet daher immer eine Kampfstellung gegen Autorität, gleichviel ob es sich um eine gemäßigte, begrenzte Richtung handelt, die nur die eine oder andere bestimmte Autorität bekämpft, oder um einen Radikalismus, der jede Autorität überhaupt verwirft. Erfolg

Kaulla. 1

des Liberalismus bedeutet in jedem Fall Zersetzung der bekämpften Autorität.

Wer gegen den „zersetzenden" Einfluß der Juden streitet, bekämpft in ihm demnach den zersetzenden Einfluß des Liberalismus. Er kann zwar nicht anders als anerkennen, daß man liberal sein kann, ohne Jude zu sein. Stellen doch die Juden nur einen Teil, und zwar einen zahlenmäßig kleinen Teil der liberalen (gemäßigten und radikalen) Scharen dar. Aber er kann sich nur schwer vorstellen, daß ein Jude nicht irgendwie, zum mindesten rein politisch, liberal sein müßte. Die Juden erscheinen ihm als autoritätsfeindlich kraft ihres eigentlichen Wesens. Sie sind ihm eine sichere, geschlossene Kerngruppe der liberalen Gesamtbewegung. Und da ihr Einfluß innerhalb dieser Richtung sichtbarlich über das rein zahlenmäßige Verhältnis ihrer Stärke hinausgeht, so ergibt sich die Meinung, daß, wäre erst dieser Einfluß der Juden gebrochen, der ganzen zersetzenden Bewegung das Rückgrat gebrochen wäre.

Wenn nun die Juden — ob mit Recht oder Unrecht, bleibe zunächst dahingestellt — als eine einheitliche Gesamtheit in Gegensatz zum übrigen Volk gestellt werden, als eine Gesamtheit, die nicht nur durch die Einheit ihrer besonderen Religion, sondern zugleich auch durch eine gemeinsame, dem jüdischen Wesen entspringende kulturelle und politische Note bestimmt ist, so heißt dies nichts anderes, als daß die völkische Eigenart der Juden sich durch die Kämpfe und Unterdrückungen von Jahrtausenden hindurch behauptet habe. Dies ist der Standpunkt des Rassenantisemitismus, der das Vorhandensein eines durch nichts zu versöhnenden Gegensatzes dieser jüdischen Eigenart und der des deutschen Volkes behauptet: die vaterländischen Tugenden, religiöser Sinn und Sinn für Zucht und Sitte als deutschvölkischer Charakter auf der einen

Seite — als dessen Feinde die Juden, denen die Natur den wahren Sinn für diese Werte versagt habe.

Wenn aber die völkische Eigenart der Juden in einer angeborenen Neigung zu politisch und kulturell zersetzenden Bestrebungen und in einer (wie ihre Feinde zu sagen pflegen) nicht konstruktiven, sondern destruktiven, nicht produktiven, sondern höchstens kritischen Veranlagung besteht — wie konnte sich dann das Volk der Juden selbst lebendig erhalten? Ist es immun gegen die Wirkungen des Giftes, das allen andern Völkern gefährlich ist?

In Wirklichkeit sind unter allen Völkern, die das Abendland bewohnen, die Juden ihrer Natur nach das konservativste. Wären sie dies nicht, so wären sie im Abendland längst untergegangen. Nur Völker des Ostens wie die mohammedanischen Völker oder die Chinesen und Japaner haben in ähnlicher Weise vermocht, die alten Autoritätsbegriffe, Ordnung und Sitte der Väter, bis in die Neuzeit starr zu bewahren und mit einer hohen Kultur zu verbinden. Bei ihnen hält wie bei den frommen Juden die Religion das Volk im Geiste der Einheit zusammen und gibt dem geistigen Leben Sinn und Richtung.

Wie erklärt sich dieser Widerspruch zwischen heutigem Anschein und historischer Wirklichkeit bei den Juden?

Um diese Frage zu beantworten, möge zunächst untersucht werden, wie der Liberalismus auf die Juden selbst gewirkt hat.

I.

„Liberale" Ideen hat es immer gegeben, wenn man unter ihnen die Ideen derer versteht, die gegenüber dem Zwang der überkommenen politischen oder kirchlichen Ordnung für Freiheit der Persönlichkeit, Gedankenfreiheit und individuelles Selbstbestimmungsrecht eintraten. Allein zu praktischer Tragweite sind diese Ideen für die moderne Welt erst im Laufe des achtzehnten Jahrhunderts gelangt. Schon der Humanismus, der eine der wesentlichen Grundlagen der modernen Bildung darstellt, war zwar eine liberale Bewegung in jenem Sinn. Allein so wichtig er für die Geistesgeschichte der Menschheit gewesen ist, so gering war seine unmittelbar praktische Bedeutung, so wenig wurde er zu einer Massenbewegung, die große Teile des ganzen Volkes ergriffen hätte und gar für die Politik von Bedeutung geworden wäre. Stand doch zu seiner Zeit die Erziehung des Volkes durchaus unter dem Einfluß der Kirche und die öffentlichen Gewalten wachten strenge darüber, daß dieser Einfluß zu ungeschmälerter Geltung kam. So war der Boden unfruchtbar für jede Art von Freigeisterei und diese führte im großen Ganzen nur in den Schriften vereinzelter Philosophen ein für das Volksganze wenig bedeutungsvolles Dasein. Auch pflegte es sich dort, wo ketzerische Bewegungen gegen den hergebrachten Glauben Raum gewannen, keineswegs um den Drang nach individueller, subjektivistischer Freiheit im Sinn des Liberalismus zu handeln, sondern um Auslegungsstreitigkeiten über den rechten Sinn biblischer Zeugnisse und Vorschriften, wobei deren strenge Verbindlichkeit nicht nur nicht geleugnet wurde, sondern im Gegenteil jeder der Streitenden der Strengere und Korrektere in der Bibelauslegung sein wollte. Auch bei der mächtigsten dieser Bewegungen, dem Protestantismus, verhielt es sich so. Er war von Haus aus völlig als eine Reaktion zu größerer Strenge des Glaubens an die geoffenbarte Lehre zu verstehen und nichts hat ihm ferner gelegen als der Gedanke, geschweige denn gar die Absicht einer Lockerung der religiösen Bande.

Im Judentum war es nicht anders. Ketzerische Ansichten wagten sich wohl dann und wann hervor. Sie blieben aber auf einen engen Kreis philosophischer Köpfe beschränkt. Selbst das Lehrgebäude eines Spinoza, so weitreichend sein Einfluß in der Geschichte der Philosophie gewesen ist, ist ohne Einfluß auf die Masse der Juden und auf die Entwicklung des jüdischen Geistes seiner Zeit geblieben; der Bannfluch, mit dem Spinoza aus der jüdischen Gemeinschaft ausgestoßen wurde, tat insofern seine volle Wirkung. Auch wo es zum freiwilligen Abfall vom Judentum kam, pflegte dieser nicht aus einem Bedürfnis nach religiöser Freiheit hervorzugehen, sondern er geschah zum Zweck des Übertritts zum Christentum. Für religiösen Liberalismus gab es innerhalb des Judentums der Zeit ebensowenig Neigung und Verständnis wie im damaligen Christentum.

Bis gegen das Ende des achtzehnten Jahrhunderts hat es auch im politischen Leben nirgends eine Bewegung von Gewicht gegeben, die als eine liberale zu werten wäre. Fehlten die geistigen Vorbedingungen zu einer solchen schon bei den Nichtjuden, so erst recht bei den Juden, die der Regel nach von der Teilnahme am politischen Leben ausgeschlossen waren. Wo sie aber zu einer Teilnahme an diesem zugelassen oder berufen waren, waren sie es zumeist als Ratgeber oder sonstige Funktionäre regierender Herren, abhängig von deren Macht und nur durch ihre Treue in diesen Stellungen existenzberechtigt.

Erst das Zeitalter der sogenannten A u f k l ä r u n g schuf

6

dem Liberalismus Massenwirkung, bei den Christen wie bei den Juden, und bereitete den Boden für die Entstehung und Verbreitung liberaler Ideen auch im Bereich der Politik. Sehr bald unterschied sich dann ein linker, „radikaler" Flügel dieser liberalen Bewegung, der sozialistischen Tendenzen Raum gab, um dann späterhin in offenen Gegensatz zu der alten liberalen Parteibewegung zu treten.

Der politische Liberalismus hatte seine Wurzeln in der alten Naturrechtsphilosophie. Zu deren Grundlehren gehörte die von der natürlichen Gleichheit der Menschen. Diese Lehre war sowohl dem christlichen wie dem heidnischen Naturrecht eigen, hatte aber in diesem einen wesentlich anderen Charakter als in jenem. Was die christliche Lehre kannte, war die Gleichheit der Menschen vor Gott. Diese hatte mehr eine transzendentale als eine reale Bedeutung. Gemeint war die Gleichwertigkeit der menschlichen Seelen vor Gott (mit der aus dem Erlösungsglauben fließenden Einschränkung, daß nur die durch den rechten Glauben erlösten Menschenseelen als vollwertig und gleichwertig gelten). Gottes Gebote gelten für alle Menschen und Gottes Gericht urteilt nach den gleichen ewigen Gesetzen über Gerechte und Ungerechte ohne Unterschied von Rang und Stand, den sie im irdischen Leben bekleideten. Diese sozialen Unterschiede hatten mit jener natürlichen Gleichheit der Menschen, wie die Religion sie verstand, wenig oder nichts zu tun. Das Bestehen sozialer Ungleichheiten im irdischen Leben vertrug sich durchaus mit der Lehre von der natürlichen Gleichheit der Seelen. Nichts hinderte daher das Christentum, im praktisch-politischen Leben der bestehenden Ordnung mit allen ihren Ungleichheiten nach Stand und Rang, nach Geburt und Besitz den starken Schutz der kirchlichen Autorität zu verleihen. Nur kleine Sekten, deren Bedeutung eine beschränkte blieb, deuteten die Gleichheit der Menschen vor Gott in dem Sinn, daß auch im bürgerlichen Leben die

Menschen das Recht auf soziale Gleichstellung haben müßten, und versuchten, durch Bildung von Gemeinschaften mehr oder weniger kommunistischen Charakters dieses Ziel zu verwirklichen.

Ganz anders geartet ist der Gleichheitsbegriff, den das heidnische Naturrecht entwickelt hat, anders in der Grundidee und anders in den praktischen Konsequenzen. Es war namentlich die stoische Philosophie gewesen, die sich mit der Ausbildung dieser Lehre abgegeben hatte. Mit dem Aufblühen der antiken heidnischen Philosophie in der Zeit der Renaissance, im Humanismus, gelangte sie zu neuem Ansehen und wurde zur unmittelbaren Grundlage der A u f k l ä r u n g s - p h i l o s o p h i e. Dieser, der heidnischen, areligiösen Naturlehre fehlte die Beziehung des Menschen zu Gott. Die Gleichheit der Menschen, die hier gelehrt wurde, war durchaus irdischreal gemeint. Man glaubte, daß diese Gleichheit ehemals im natürlichen Urzustand der Menschheit (wie ihn diese völlig unhistorische und insoweit sehr naive Philosophie sich vorstellte) auch tatsächlich und in reiner Form bestanden habe und daß sie durch den allmählichen Sieg der menschlichen Zivilisation über die Natur verwischt und unterdrückt worden sei. Von Natur seien die Menschen gleichgeartet. Die tatsächlich zu beobachtenden Unterschiede des Charakters und der Veranlagung seien lediglich das Ergebnis der äußeren Verhältnisse, unter denen der einzelne zufällig aufgewachsen ist und lebt — seines Milieu. Gebe es schlechte und irgendwie zurückgebliebene Menschen, so trage lediglich die Gesellschaftsordnung die Schuld hieran, weil sie ihnen eine unnatürliche. falsche Erziehung und eine Lebenslage gegeben habe, in der die guten und gesunden Anlagen verdorben wurden. In der antiken Philosophie war das eine rein theoretische Konstruktion gewesen. In der Aufklärungszeit aber gelangte diese zu praktischer Bedeutung von größter politischer Tragweite.

8

Sie kam der Zeit zupass. Ganz besonders der französische
Boden war für sie empfänglich. Für eine Zeit, in der ein
nah zu rechtloses, dabei in seinen Oberschichten der Bildung
und des Stolzes keineswegs entbehrendes Volk von einer
kleinen privilegierten Herrenschicht in krassester Rücksichts-
losigkeit mißhandelt und ausgebeutet wurde (wie dies namentlich Taine in seinem klassischen Buch über die „Geschichte
der französischen Revolution" in meisterhaft anschaulicher
Verarbeitung seines überreichen Quellenmaterials schildert),
für eine solche Zeit lag etwas geradezu Erlösendes in dem
Gedanken, daß alle Menschen von Natur gleich seien und daß
nur die Schlechtigkeit der bestehenden, künstlich geschaffenen,
also auch der Abänderung fähigen staatlichen und
sozialen Einrichtungen die Schuld an ihrer derzeitigen Ungleichheit und an deren schlimmen Folgeerscheinungen trage.
Man begann, die Konsequenzen aus diesem Gedanken zu ziehen.
Rousseau und Voltaire übernahmen die geistige Führung und
die naturrechtliche Gleichheitsidee wurde nun allmählich zur
geistigen Grundlage praktischer Forderungen auf politischem,
kulturellem und wirtschaftlichem Gebiet. Sie wurde ein Programm. Man verlangte die Beseitigung aller der Hemmnisse,
die der natürlichen Entfaltung des Menschen im Weg stehen.
Wenn die Menschen nur ihre natürliche „Freiheit" haben, so
werden sich, glaubte man, die guten Eigenschaften eines jeden
von selbst entwickeln und zur Geltung bringen und jeder
werde dann, von seinem natürlichen Eigeninteresse getrieben,
von selbst das tun, was ihm am besten frommt. Der Nutzen
aller Einzelnen werde dann auch der Nutzen der Gesamtheit sein.

Das Verlangen nach „Gleichheit" im öffentlichen Leben
war die weitere logische Folgerung dieses ganzen Gedanken-
ganges. Hielt man die Menschen für von Natur aus gleich
veranlagt und jedes Hemmnis ihrer freien Entwicklung für

ein Übel, so war die politische Forderung nach gleichmäßiger Behandlung Aller im öffentlichen Leben gegeben. Gleiches Recht für Alle! Mit diesen Gedankengängen, die aus den Stuben der französischen Philosophen mehr und mehr in das ganze, durch seine unterdrückte und mißachtete Stellung nur allzu aufnahmewillige Volk drangen, wurde die große französische Revolution geistig eingeleitet.

Auch die Gebildeten unter den Juden vernahmen die Botschaft der Aufklärungsphilosophie. Sie fand bei ihnen einen Nährboden, der in vielen Ländern durch die ganze besonders harte Unterdrückung und Mißhandlung der Juden lange vorbereitet war. So lange schon, daß man wohl fragen mag, wieso es bei den Juden erst in der Zeit der a l l g e m e i n e n „Aufklärung" zu einer geistigen Auflehnung gegen die bestehende Ordnung gekommen ist.

Es gibt nur e i n e denkbare Erklärung hierfür: die Macht der religiösen Autorität, die jedem Auflehnungsgedanken entgegenwirkte. War sie stark genug, das Judentum in diesen für seine Bekenner so überaus schweren Zeiten vor dem Untergang zu bewahren, so war sie dies deshalb, weil eben ihren Lehren mit aller Strenge und Gewissenhaftigkeit gefolgt wurde und weil kein Zweifel an der Verbindlichkeit dieser Lehren den Glauben schwächte. Die jüdische Religion lehrt aber mit der gleichen Strenge, die auch ihre Tochterreligionen, das reine Christentum und der Islam, übernommen haben, die Pflicht des Gehorsams gegen die rechtmäßige Obrigkeit. Nur wo die Religion selbst von der weltlichen Obrigkeit angegriffen wird, geht die Treue gegen jene den irdischen Pflichten vor. Die jüdische Geschichte ist überreich an Märtyrern, die sich für ihren Glauben geopfert haben. Wo es aber nicht um den Glauben ging, bewährten sich die Juden überall als Untertanen von so vollkommener Gefügigkeit, wie sie eine Obrigkeit sich nur wünschen konnte. Man sage nicht, ihre Unterdrückung sei eben eine so gründliche gewesen, daß ein Aufmucken schlechthin unmöglich gewesen wäre. Attentate von seiten politischer Fanatiker sind immer möglich und die Gloriole der Selbstaufopferung lockt erfahrungsgemäß um so verführerischer, je härter der Druck ist, gegen den das Attentat sich richtet. Auch hätte der Wohlstand, zu dem es die Juden verhältnismäßig häufig brachten, ihnen recht wohl die Möglichkeit gegeben, revolutionäre Bewegungen zu wecken und zu unterstützen. Nichts dergleichen ist aus jenen Zeiten bekannt. Der Gehorsam gegen die Obrigkeit war ein religiöses Gebot, die Juden waren streng religiös und welche Vorwürfe ihnen immer gemacht wurden, derjenige mangelnder Loyalität scheint nirgends in jenen Zeiten ernstlich erhoben worden zu sein.

Diese geistige Einstellung wurde einer Änderung erst zugänglich, als das Fundament, auf dem sie beruhte, seine alte Festigkeit verlor. Um den politischen Samen der Aufklärungsphilosophie, die Ideen des politischen Liberalismus in dem jüdischen Boden ausreifen zu lassen, mußte dieser daher erst noch eine andere Nahrung empfangen haben, die ihm gleich diesen Ideen ebenfalls erst die Aufklärungsphilosophie vermittelte: die Juden mußten erst dem religiösen Liberalismus zugänglich geworden sein, ehe der politische Liberalismus bei ihnen Eingang finden konnte.

Die religiöse „Aufklärung" schritt im Gewande des Rationalismus einher. Die religiösen Lehren wurden nicht mehr einfach als Offenbarung hingenommen, deren göttlicher Ursprung jeden verstandesmäßigen Versuch, in ihren Grund und Zweck zu dringen, als überflüssig, wenn nicht als vermessen und gotteslästerlich erscheinen läßt. Die Vernunft erhob sich über den Glauben. Der Glaube galt als Glaube nichts mehr, er war nur noch der gewohnheitsmäßig beibehaltene Ausdruck für eine bestimmte Kategorie des verstandesmäßigen Wissens, nämlich des „Wissens" über Gott. Es war ein sichtbarer Abschluß dieses geistigen Prozesses, als die französische Revolution durch Staatsgesetz den Kultus der Göttin der Vernunft an die Stelle der religiösen Glaubenskulte zu setzen sich vermaß.

Gewiß trat der Rationalismus von Haus aus nicht in Gegensatz zur Religion. Im Gegenteil, er vermeinte diese sogar zu stärken, indem er bewies oder doch beweisen wollte, daß ihre Lehren mit denen der menschlichen Vernunft in Einklang stehen und daß es also eines Appells an arationale, übersinnliche, „supernaturale" Vorstellungen nicht erst bedürfe, um diesen Lehren Autorität zu geben. Aber es war ein für den Bestand der Religion gefährlicher Weg, den die rationalistischen Theologen und Philosophen beschritten hatten. Denn was verstandesmäßig richtig oder falsch ist, darüber pflegen nun einmal in verschiedenen Köpfen verschiedene Meinungen zu bestehen. Über die verstandesmäßig richtige, vernunftgemäße Beantwortung einer Zweifelsfrage kann immer und pflegt immer Streit zu sein. Soll das einfache Kredo auf seine Verständlichkeit und Vernunftgemäßheit geprüft werden, so ist seine unbedingte Gültigkeit und Verbindlichkeit schon eo ipso in Zweifel gezogen, weil abhängig gemacht von dem Ergebnis dieser Prüfung. Mag der einzelne Rationalist auch noch so tief davon durchdrungen sein, daß das Ergebnis seiner Gedankenarbeit die Richtigkeit der Glaubenslehren sonnenklar erhelle — andere werden immer anderer Ansicht sein. Mögen sehr viele Vertreter des Rationalismus auch noch so weit davon entfernt sein, die Offenbarung und deren autoritäre Verbindlichkeit leugnen zu wollen, mögen sie im Gegenteil der Überzeugung leben, der Nachweis, daß die Lehren der Offenbarung mit der Vernunft in Übereinstimmung stehen, erleichtere es lediglich, die Offenbarung als richtig anzunehmen, so verkennt doch diese Argumentation die Macht des Zweifels. Hat sich erst einmal der Gedanke festgesetzt, daß es der Autorität der Glaubenssätze nütze, wenn man besondere, menschlich erdachte Beweise ihrer Richtigkeit beibringe, und daß es eine verdienstliche Geistesarbeit sei, solche neue Beweise zu suchen und der Mitwelt vorzuführen, so ist es nur ein Schritt zu der Folgerung, daß jene Autorität dieser neuen Geistesstützen auch bedürfe. Die Autorität dieser Beweise tritt unvermerkt an die Stelle der Autorität der Offenbarung. So kam es, daß die Aufklärung da, wo sie durchdrang, auch den Glauben an das Dasein Gottes untergrub; und wo dieser Glaube noch blieb, da zerstörte sie das Gebäude der Dogmen, indem sie den Glauben vom Dogmatismus „befreite" und das feine Netzwerk der religiösen Formen und Gebräuche löste.

Im Christentum zeigte sich diese Wirkung in großem Umfang und mit großer Kraft. In der gebildeten Welt allüberall, zuerst in der französischen Gesellschaft, fanden Voltaires geistreiche Spöttereien Widerhall und bewundernden Beifall. Der Atheismus wurde in den schöngeistigen Kreisen geradezu Mode. Es war ja auch für die seichtesten Nachbeter der Aufklärungsphilosophie ein sehr billiges Vergnügen, an denjenigen grundlegenden Dogmen des Christentums, die wie die Göttlichkeit Christi, die unbefleckte Empfängnis Mariä, die göttliche Dreieinigkeit jenseits der Möglichkeit menschlichen Begreifens liegen, ihren Witz zu üben und Tertullians tiefsinniges „Credo quia absurdum" ins Lächerliche zu ziehen.

Der einfache Monotheismus des Judentums bot dieser Spottsucht immerhin w e n i g e r Angriffsflächen. Hier begnügte sich die Kritik im allgemeinen damit, sich gegen Einzelvorschriften, namentlich rituelle Formvorschriften zu wenden, ohne an den Gottesglauben selbst zu rühren. Sie glaubte so, das Religionsgebäude von unnötigen Schlacken zu reinigen und in geläuterter Reinheit darzustellen. Bei dieser Kritik der Einzelvorschriften wurde rein rationalistisch verfahren. Was ihr nicht standhielt, wurde für nebensächlich oder veraltet, jedenfalls aber für nicht mehr verbindlich erklärt.

Der bedeutendste und einflußreichste Vertreter dieser kritisch-rationalistischen Richtung im Judentum war Moses Mendelssohn. Seine Lehre lief darauf hinaus, daß der Glaube an den einigen und einzigen Gott das Wesen der jüdischen Religion ausmache und nichts anderes zu diesem Wesen gehöre. Die überlieferten Gebräuche und Vorschriften, die sich auf die Ausübung der Religion beziehen und ihre äußere Form ausmachen, seien etwas Außerwesentliches. Alles dieses Außerwesentliche sei bloßes Menschenwerk. Dieses aber müsse verstanden werden aus den Verhältnissen und Anschauungen der Zeit, in der es entstand, und unter den geänderten Verhältnissen der Gegenwart dürfe es daher abgeändert werden. Es müsse sogar abgeändert werden, soweit es in diese Gegenwart nicht mehr hineinpasse.

Mit dieser Lehre hielt der Liberalismus seinen Einzug in das religiöse Judentum.

Was war der Erfolg?

II.

Je mehr der Geist der Aufklärung an Einfluß gewann, desto lästiger mußten diejenigen Kreise des Judentums, die von ihm ergriffen waren, die Fessel solcher religiöser Vorschriften empfinden, die auch auf das Leben außerhalb des Gotteshauses übergriffen. Die rituellen Speisevorschriften verhindern den frommen Juden, mit Andersgläubigen außerhalb des jüdischen Haushalts das Mahl zu teilen. Die Feier des Samstags als Sabbatfest zwingt den Rechtgläubigen, sich an diesem bürgerlichen Wochentag jeder Arbeit zu enthalten. Die durch diese Vorschriften (und auch durch noch manche andere von geringerer Tragweite) bedingte schwere Behinderung des gesellschaftlichen und des Geschäftslebens war bis dahin mit völliger Selbstverständlichkeit willig hingenommen worden in dem Bewußtsein des Frommen, daß für ihn gegenüber religiösen Vorschriften alle Unbequemlichkeiten und Nachteile weltlicher Art sozusagen überhaupt nicht existieren. Jetzt aber forderten gerade die Vorschriften von jener Art in ganz besonderem Maße den Angriff der Reformfreunde heraus. War doch der religiöse Liberalismus nur eine Frucht von dem Baum der Aufklärungsphilosophie, deren Lehren allesamt in engem geistigen Zusammenhang miteinander standen. Der Drang nach individueller Freiheit und der Gleichheitsgedanke trieben in gleicher Weise dazu, diejenigen Schranken zu beseitigen, die die Bewegungsfreiheit des Juden mehr beschränkten als die des Nichtjuden und die gleichzeitig eine sichtbare Ungleichheit der sozialen Stellung von Juden und Nichtjuden mit sich brachten. Der Wunsch ist der Vater des Gedankens — Opportunismus und Rationalismus wohnen nahe beieinander. Was war natürlicher, als daß diejenigen religiösen Vorschriften, die im praktischen Leben den Anhängern der liberalen Aufklärungsideen besonders im Wege standen, die Kritik der Reformfreunde auch in besonderem Maß auf sich zogen und ihr zuerst erlagen! Mehr und mehr entfernten sich die liberalen Juden von den Gebräuchen, die den Orthodoxen heilig sind. Im selben Maße entfernten sie sich aber auch persönlich von ihren orthodoxen Glaubensgenossen. Es begannen sich zwei Lager zu scheiden, deren Berührung miteinander immer loser wurde.

Auf der anderen Seite erleichterte der Untergang jener Gebräuche bei den liberalen Juden die persönliche Annäherung an die ähnlich gesinnten Kreise außerhalb des Judentums und zugleich damit wuchs auch das damals, wie das gesellschaftliche Leben in den „Salons" jener Zeit deutlich zeigt, beiderseitige Streben nach völliger Angleichung (Assimilation) dieser Juden. Es bestand eine weitgehende Harmonie zwischen den gesamten Anschauungen der liberalen Juden und der liberalen Nichtjuden. Politische und schöngeistige Interessen stimmten völlig überein. Auch die religiöse Annäherung vollzog sich rasch; denn auch im Christentum, insbesondere im deutschen Protestantismus hatten Aufklärung und Rationalismus ähnliche Wirkungen hervorgebracht wie im Judentum. Auch im Christentum unterschied der religiöse Liberalismus zwischen Form und Wesen der Religion in einer Weise, die an Wesentlichem schließlich nicht viel mehr oder auch gar nichts mehr übrig ließ als den Glauben an Gott, so daß der dogmatische Unterschied zwischen Christentum und Judentum nicht mehr ins Gewicht fiel. Das Gemeinsame erschien daher den liberalen Juden und den liberalen Christen bald als außerordentlich viel wichtiger und es nahm einen außerordentlich viel breiteren Raum ein als alles, was etwa als trennend noch empfunden wurde.

Die Emanzipation der Juden, die ihnen grundsätzlich die gleiche Rechtstellung im öffentlichen Leben gab wie den Christen, war der politische Abschluß dieser Entwicklung.

Einen schwachen Begriff von den Gefühlen, mit denen zum mindesten die Gebildeten unter den Juden die nach langem Kämpfen endlich errungene bürgerliche Gleichstellung begrüßten, mag sich heute in Deutschland allenfalls derjenige machen, der nach langjähriger Absperrung in der Nachkriegszeit erstmals wieder eines der wohlgeordneten neutralen Kulturländer aufsuchen konnte, wo er die ständigen Demütigungen und Quälereien der vergangenen Jahre für einige Zeit zu vergessen und sich wieder als Mensch zu fühlen vermochte.

In den jüdischen Darstellungen der Geschichte der Emanzipation wird diese als ein Sieg der Humanität gefeiert. Man glaube aber nicht, daß es eine Gefühlspolitik gewesen wäre, die die damaligen Staatsmänner betrieben haben. Nicht darum hat es sich für diese gehandelt, die Realitäten des politischen Staatsinteresses den Idealen einer schöngeistigen Philosophie unterzuordnen, um für die Humanität als Selbstzweck zu wirken, sondern staatsmännisch konnte der Sinn und Zweck der Emanzipation kein anderer sein als das Interesse der Wirtsvölker. Nicht den Juden zuliebe, sondern zum Nutzen der Wirtsvölker betrieben deren Staatsmänner die Emanzipation der Juden. Ob sie auch dem Interesse der Juden selbst entsprach, war für den Staatsmann Nebensache und konnte nur Nebensache sein.

Der Sinn der Emanzipation war der, die Juden mit dem Wirtsvolk zu dessen Vorteil, zu dessen Machtstärkung in einen einheitlichen Volkskörper zusammenzuschweißen. Es konnte sich daher für keinen Staatsmann darum handeln, die Juden politisch gleichzustellen und sie dabei als einen fremden Bestandteil im Staate zu erhalten. Die Staatsmänner der

Emanzipation erwarteten als deren Wirkung die innere kulturelle Vereinigung, die völlige Angleichung der Juden. Sie erwarteten diese von der Macht der sozialen Verhältnisse und von dem Übergewicht und der Anziehungskraft der deutschen Kultur. Ihr politisches Ziel war im Grund das gleiche wie das der Staatsmänner älterer Zeit, die den Juden die Taufe aufzwangen, um die Juden dem eigenen Volkskörper einzufügen. Nur die Mittel waren verschieden: hier eine Einverleibung mit den Mitteln brutaler Gewalt und in der Aufklärungszeit eine solche, die aus humanitär-philosophischen Beweggründen hervorgegangen, sich den Erfolg durch den assimilierenden, erziehen den Einfluß der höheren Kultur ohne gewaltsame Nachhilfe versprach.

Die Angleichung wurde erleichtert und gefördert einerseits durch den Bruch der liberalen Juden mit der historischen Tradition des Judentums, die ohnehin während der ganzen Dauer der Diaspora im wesentlichen nur in der Überlieferung der jüdischen Religionsgeschichte bestanden hatte und daher nur für den interessant war, der der Religion ein volles Interesse widmete. In dieser ganzen langen Zeit waren die Juden lediglich Objekt fremder Politik gewesen, das heißt Objekt fremder Willkür ohne irgendwelche eigene, selbständige politische Aktion. Sie besaßen politisch weder eine ernstliche Aktionsmöglichkeit noch auch nur eigenen Aktionswillen. Allzusehr war ihnen das Gefühl politischer Machtlosigkeit zur zweiten Natur geworden.

Indem nun die liberalen Juden rationalistisch allem zu Leibe gingen, was zur Tradition gehörte — außer dem abstrakten Gottesglauben als solchem —, verloren sie eo ipso auch das Interesse an dieser Tradition selbst, die ihnen nur noch als ein rückständiges und bei näherer Betrachtung auch gar nicht für sie interessantes Sammelsurium von allen möglichen Anschauungen und Gebräuchen erschien, um die man sich

nicht mehr zu kümmern brauchte. Zwischen der Zeit der
biblischen Geschichte und der Neuzeit tat sich so ein weites
Vakuum auf. Die biblische Geschichte selbst aber (soweit nicht
auch sie einer religionswissenschaftlichen Kritik zum Opfer
fiel, sondern als wirkliche Geschichte des jüdischen Volkes
Geltung behielt) hatte damit — Geschichte einer fernen,
fremden Zeit in einem fernen, fremden Land — jedweden
Zusammenhang mit der Gegenwartsgeschichte der Juden verloren, so daß die liberalen Juden tatsächlich ohne das Bewußtsein einer eigenen jüdischen Geschichte in den An-
gleichungsprozeß eintraten.

Die Kulturgeschichte der jüdischen Diaspora bot keinen
Ersatz, der diese Lücke des Empfindens hätte ausfüllen können.
Gewiß ist die Kulturgeschichte das wichtigste Stück der Geschichte eines Volkes, so gewiß die Kultur eines Volkes, die
seine Sitten und seine Anschauungen, seine Kunst und seine
Wissenschaft, überhaupt alles Geistige in sich schließt, der
Inbegriff dessen ist, wofür es lebt und strebt; seine Kulturgeschichte in diesem Sinn hat notwendig jedes Volk und die
Kultur auch der jüdischen Diaspora ist des größten Interesses
wert. Allein es ist auch Tatsache, daß Kulturgeschichte im
großen Ganzen nur Geschichte sozusagen für den Feinschmecker
ist. Das Dramatische der politischen Geschichte, die sich
zwar mit Notwendigkeit auch mit den wichtigsten Tatsachen
und Ereignissen auf dem Gebiet der Kultur befassen muß, in
den Vordergrund aber die äußere Machtentwicklung und die
kriegerischen Taten der Völker und ihrer Helden stellt, ge-
winnt nun einmal sehr viel leichter das Interesse des Volkes
und vor allem das der männlichen Jugend als die Beschreibung
der kulturellen Zustände und ihrer Veränderungen. Kulturgeschichte findet im allgemeinen erst bei dem gereifteren Alter
das rechte Verständnis. Die Jugend aber will eine Geschichte,
an der sie sich begeistern kann, heroische Taten, die sie im

Geiste miterlebt. Geschichte von solcher Art war die des deutschen Volkes, deren Kenntnis der Besuch der deutschen Schulen der jüdischen Jugend vermittelte. Für das Empfinden der deutschen Juden, die sich als Teil des deutschen Gesamtvolkes fühlen lernten, wurde diese Geschichte, die sie mit den Andersgläubigen vereinte, nun zu ihrer eigenen Geschichte. Keine Hemmung aus dem Vorhandensein eines jüdischen Geschichtsbewußtseins stand diesem Empfinden im Weg.

Es gab nicht einmal eine schöngeistige jüdische Literatur, die den „aufgeklärten" Juden das Bewußtsein einer berechtigten jüdischen Eigenart hätte geben können. Denn was an jüdischer Literatur vorhanden war, trug im wesentlichen religiöses Gepräge und besaß bei den von dem neuen Geist ergriffenen Juden weder Interesse noch Sympathie. Gerade die erste Hälfte des neunzehnten Jahrhunderts war aber für schöngeistige Literatur ganz besonders empfänglich. Auf diesem Gebiet vielleicht noch enger als auf jedem anderen berührten sich die geistigen Interessen und Sympathien der liberalen Juden und Nichtjuden. Zu dieser Literatur hatte das Judentum als solches aber nichts beigetragen. Was Juden hervorbrachten, war nicht nur in deutscher Sprache geschrieben, sondern galt auch dem inneren Wesen nach als deutsche Literatur, und zwar nicht allein in den weitesten deutschen Kreisen jener Zeit, sondern, worauf es hier ankommt, vor allem bei den Juden selbst. Die Juden, besonders die liberalen unter ihnen, empfanden es als Kränkung und wiesen es mit Entrüstung zurück, wenn ein Heine als Jude aus dem Kreis der deutschen Dichter ausgeschlossen werden sollte. Die deutschen Juden, zum mindesten die sogenannten Aufgeklärten unter ihnen, wollten gar keine eigene jüdische Literatur neben der deutschen hervorbringen.

So war auf geistigem Gebiet alles dazu angetan, die An-

gleichung der Juden an das Deutschtum, das sie in sich auf-
nahm, zu erleichtern und zu vollenden. Die Gebildeten unter den Juden wollten den christlichen
Deutschen im bürgerlichen Leben gleich sein und sie fühlten
sich ihnen tatsächlich gleichstehend — gleich an Kultur und
an Können, gleich durch Erziehung und durch politische Verbundenheit, gleich vor allem auch in der Liebe zum deutschen
Vaterland, dem vollberechtigt anzugehören die Sehnsucht der
deutschen Juden gewesen war. Sie fühlten sich schon verletzt,
wenn man überhaupt von ihren „jüdischen" Eigenschaften
sprach, deshalb nämlich, weil sie dies als eine Betonung der
Verschiedenheit, als ein Nichtanerkennenwollen der kulturellen
Gleichheit empfanden, die sie erstrebten und bereits zu besitzen
glaubten und die sie in nicht wenigen Familien, die durch
glückliche Umstände schon früher zu einer geachteten Stellung
und zu einem engeren sozialen Verkehr, zu engerer Fühlung
mit der nichtjüdischen Kultur gelangt waren, gewiß auch tatsächlich bereits besaßen. Die damals durchaus nicht seltene
Aufnahme jüdischer Studenten in deutsche Korps und Burschen-
schaften war ein in die Augen springender Beweis, daß auch von
der andern Seite diese kulturelle Gleichwertigkeit damals anerkannt wurde. Die Juden setzten ihren Stolz darein, die Anerkennung ihrer Gleichheit, das heißt ihrer Gleich w e r t igkeit
zu erringen und festzuhalten. Daraus aber ergab sich ganz
von selbst das teils bewußte teils unbewußte Bestreben, alles
aus dem Weg zu räumen, was diese Gleichheit ernstlich zu
stören geeignet sein konnte.

Das Wichtigste und für sehr viele das Einzige, was trennend
zwischen ihnen und den Nichtjuden übrigblieb, war das Religionsbekenntnis und alles, was dieses an besonderen Gebräuchen
mit sich brachte. Für den, der nur den abstrakten Gottesglauben als wesentlich gelten lassen wollte und allem, was die
äußere Ausübung der Religion betrifft, den alten jüdischen

Einrichtungen und Gebräuchen, insbesondere den äußeren
Formen des Gottesdienstes die Verbindlichkeit absprach oder
es zum mindesten mit Skeptizismus oder Gleichgültigkeit betrachtete, war daher der Wunsch nach Angleichung an das
Deutschtum der Vater des Gedankens, daß diese besonders
gearteten Bräuche der Verbindlichkeit entbehrten und daher
nicht länger aufrechterhalten werden brauchten.

Die rituellen Speisevorschriften, die den gesellschaftlichen
Verkehr mit Nichtjuden behinderten, und das Gebot der
strengen Sabbatruhe am Samstag, das die Erwerbsbetätigung
erschwerte, fielen zuerst. Bequemlichkeit und wirtschaftliches
Interesse taten ein übriges, die opportunistische Beschwichti-
gung religiöser Skrupel zu unterstützen. Mit der sabbatlichen
Heiligung des Sonnabend kam aber auch der Besuch des
samstäglichen Gottesdienstes außer Übung; denn wenn man
schon die Arbeit am Samstag für erlaubt hielt und dem Beruf
sich gleich den nichtjüdischen Mitbürgern widmen wollte, wäre
es eine Halbheit gewesen, die Zeit des Gottesdienstes der
Berufsarbeit zu entziehen. Was für die Heilighaltung des
Samstags und für den Besuch des Samstaggottesdienstes galt,
fand gleiche Geltung auch für die meisten andern Feiertage.
Nur die höchsten religiösen Feste, wenige Tage im Jahre, blieben
wenigstens den meisten unter den liberalen Juden überhaupt
noch im Gedächtnis und wurden von ihnen als Feiertage gehalten.

Diejenigen unter den Liberalen, die das Bedürfnis hatten,
einen regelmäßigen jüdischen Gottesdienst aufrechtzuhalten,
erstrebten dessen Reform. Sie erkannten, daß für den orthodoxen Gottesdienst ein Ersatz geboten werden mußte, wollte
man nicht zusehen, daß diejenigen, die seinen Besuch mehr
und mehr einstellten, dem Judentum in absehbarer Zeit völlig
verlorengingen. Diese Reform bestand in einer Annäherung
an den Gottesdienst der christlichen Bekenntnisse. So wurde

der Gebrauch der hebräischen Sprache beim Gottesdienst zurückgedrängt. Sehr begreiflich: denn mit der Achtung vor dem altüberkommenen Ritual war auch die zu dessen Ausübung bisher unentbehrliche, sonst aber (nämlich als Umgangssprache) längst außer Übung gekommene hebräische Sprache entbehrlich geworden. Man wollte die deutsche Sprache beim Gottesdienst so gut wie die Protestanten und wie für die Predigt auch die Katholiken. Man führte die Orgelmusik ein. Und so noch vieles. Und immer mehr und mehr.

Die Jugend aber, die, diesen geistigen Prozeß im Schoß der eigenen Familie vor Augen, in deutschen Schulen und im Umgang mit nichtjüdischen Altersgenossen aufwuchs und die sich, oft nur allzusehr mit Recht, gewöhnt hatte, wenn von ,,Juden" und ,,jüdisch" die Rede war, einen Ton der Minderbewertung, der Geringschätzung dabei herauszuhören, wurde durch diese ganze Entwicklung mehr und mehr dazu gedrängt, den Wert des jüdischen Bekenntnisses mit dem Wert derjenigen Bekenntnisse zu vergleichen, die nun einmal als die Voraussetzung der vollen Gleichbewertung mit Andersgläubigen erschienen. Die Jugend lernte die Frage stellen, ob denn der Wahrheitswert der jüdischen Religion ein höherer ist als der der christlichen Bekenntnisse.

Lessing, der große deutsche Verkünder der Aufklärung, hatte seinem Nathan dem Weisen, dessen Figur er im Gedanken an den ihm durch enge Freundschaft verbundenen Moses Mendelssohn geschaffen hatte, das berühmte Gleichnis von den drei Ringen in den Mund gelegt, das die Gleichwertigkeit des jüdischen, des christlichen und des mohammedanischen Bekenntnisses und ihren berechtigten Anspruch auf gleiche Duldung symbolisiert. Der Liberalismus, der die religiöse Toleranz verlangte, pries das geistreiche Gleichnis, und namentlich die Juden wurden nicht müde, es zu gebrauchen und es denen entgegenzuhalten, die auf das Judentum glaubten herabsehen zu dürfen. Für denjenigen aber, dessen geistige Einstellung auf ein möglichst vollkommenes Aufgehen im Deutschtum gerichtet und dem dieses zu einem Wesens- und Herzensbedürfnis geworden war, mußte es naheliegen, auch umgekehrt zu argumentieren: wenn die Bekenntnisse gleichwertig sind — warum soll ich dann gezwungen sein, gerade dasjenige beizubehalten, das der Zufall der Geburt mir aufoktroyiert hat? Warum nicht frei wählen dürfen, welches Bekenntnis mir am besten zusagt?

Daß man in eine religiöse „Überzeugung" hineingeboren werden soll, vertrug sich ja wahrlich schlecht mit den liberalen Anschauungen und Forderungen, die die möglichste Freiheit der Persönlichkeit verlangten und jeden geistigen und Überzeugungszwang von Grund aus verwarfen. Galt aber einmal dem mündigen Menschen die Wahl der Religion überhaupt als freigegeben, so stand auch nichts mehr im Wege — es wären denn besondere Rücksichten rein persönlicher, namentlich familiärer Art im einzelnen Fall —, das einzige Band zu lösen, das noch mit dem Judentum verknüpfte, nämlich das religiöse, und damit das letzte und einzige Hemmnis wegzuräumen, das der Anerkennung der vollen, nicht nur äußerlich juristischen, sondern kulturellen Gleichheit und Gleichwertigkeit im Wege stand.

III.

Der Übertritt zum Christentum, der die Frucht von Gedankengängen der geschilderten Art ist, stieß nicht nur bei den Frommen, sondern sehr vielfach selbst in den liberalen Kreisen auf heftige, ja erbitterte Feindschaft. Die tieferen Gründe dieser Feindschaft bei den einen und bei den anderen waren und sind aber wesentlich verschieden.

Daß die Strenggläubigen unter den Juden den Übertritt zum Christentum verdammen, ist selbstverständlich. Denn jede Offenbarungsreligion nimmt — darüder hilft kein schöngeistiges Fabulieren von den drei Ringen hinweg — für sich in Anspruch, die einzig richtige zu sein. Sie betrachtet sich als von Gott selbst geschaffen und die Befolgung ihrer Lehren als göttliches Gebot. Es kann nur eine richtige Offenbarung geben. Dem Bekenner einer Offenbarungsreligion kann bei einiger Logik nur diese seine eigene Religion als die richtige und muß jedes andere Bekenntnis als Irrglauben, Heidentum oder Ketzerei erscheinen. Abfall, Übertritt zu einem anderen Bekenntnis, ist Sünde. Eben deshalb richtet sich aber der Vorwurf der Sündhaftigkeit, den der Fromme gegen den Abtrünnigen erhebt, nicht eigentlich gegen den Übertritt zu einem anderen Bekenntnis, denn vielmehr gegen den Abfall als solchen. Schon jede freigeistige Kritik im eigenen Lager ist dem Frommen ein Greuel — man denke nur z. B. an Spinozas Verfolgung —, weil er in ihr den Beginn des Abfalls von Lehren sieht, deren absolute Verbindlichkeit schlechthin nicht geleugnet werden darf. Sowohl aus dieser Anschauungsweise wie aus den bereits berührten sozialen Wirkungen der rituellen Vorschriften für den sozialen Zusammenhalt der Juden untereinander erklärte sich auch, daß die gesellschaftliche Zäsur zwischen orthodoxen und liberalen Juden meist sehr viel einschneidender zu sein pflegt als zwischen den liberalen Juden und Nichtjuden. Im Unterschied von den strenggläubigen pflegen die liberalen Juden nur den Übertritt zum Christentum ernstlich zu verdammen, während sie den bloßen Austritt aus der Religionsgemeinschaft im allgemeinen sehr leicht nehmen. Recht häufig kann man beobachten, daß der Austritt allein, wenn er endgültig von keinem Übertritt in ein anderes Lager gefolgt wird, in jüdisch liberalen Kreisen sogar mit ausgesprochener Hochachtung beurteilt wird — als mutiges Bekenntnis geistiger Freiheit. Die Nämlichen aber, die den Austritt so milde beurteilen, können sich oft nicht genug tun in der Gehässigkeit, mit der sie von den Übertritten zum Christentum reden. Es muß dies auffallen, wenn man daran denkt, daß die religiöse Toleranz zu den Grundpfeilern der liberalen Weltanschauung gehört.

Es sind in der Tat ganz andere Gedankengänge, aus denen die Intoleranz der Liberalen stammt, als die der Orthodoxen. Nicht daß es eine Sünde sei, der von Gott geoffenbarten Religion untreu zu werden, halten die Liberalen den Getauften vor. Es sind vielmehr Gedankengänge, die, wenn man näher zusieht, gar nichts mit der Religion zu tun haben.

Die rationalistische Denkweise, die den religiösen Liberalismus der Juden beherrscht, hatte die Religion von allem entkleidet, was einer zersetzenden Kritik nicht standhielt, und sie hatte nur vor dem Glauben an Gott selbst Halt gemacht, auch dies aber nicht sowohl aus religiösem Empfinden, sondern deshalb, weil sie verstandesmäßige Beweise für das Dasein Gottes gefunden zu haben glaubte. Das religiöse Empfinden des Liberalen akzeptiert den Glauben an Gott nicht ohne weiteres auf Grund der überlieferten Offenbarung mit der Einfalt und naiven Unmittelbarkeit des frommen Gemüts, sondern es

akzeptiert diesen Glauben, weil es Gott menschlich, verstandesmäßig zu begreifen vermeint. Das religiöse Empfinden fühlt sich
erst sicher auf Grund der Erklärung durch den Intellekt, daß es
sich auf dem rechten Weg befinde. Die Glaubenswahrheit gilt
als Wahrheit, weil sie der Verstand für Wahrheit nimmt, nicht
weil der Glaube als solcher allein sie zur Wahrheit stempeln
könnte. Gott wird von dem Rationalisten geglaubt, weil man
ihn zu verstehen glaubt.

Die Konsequenz dieser Einstellung zeigt sich sowohl in der
Weiterentwicklung des religiösen Liberalismus selbst als in
jener Beurteilung der Andersgläubigen.

Wer an Gott glaubt, weil er ihn zu verstehen vermeint, wird
notwendig irre an Gott, wenn er dieses Verständnis versagen
fühlt. Es gibt für den Rationalisten keine Unerforschlichkeit
der Wege Gottes, der er sich in Demut beugen würde. So
kommt es, daß Unzufriedenheit mit dem eigenen Geschick,
Unvermögen sich mit Unglück abzufinden und das Unglück
in gläubigem Vertrauen auf seinen tieferen Sinn geduldig
hinzunehmen, leicht dazu führen, demjenigen, der einmal
dem religiösen Liberalismus Eingang in seine Weltanschauung
gegeben hat, schließlich auch den Glauben an Gott zu nehmen,
den der jüdische Rationalismus allein noch von der Religion
übriggelassen hatte. Unbegreiflichkeit Gottes und Rationalismus lassen sich nicht vereinigen. Die Zweifelsfragen, die der
Rationalismus stellt und menschlich-verständlich zu beantworten sucht, gebären notwendig immer wieder neue Zweifel.
Der bohrende Verstand bohrt immer weiter und weiter und da
er schließlich versagt, wenn er erklären soll, was der Segen allen
Leidens, allen Unheils und Jammers ist, so kommt er schließlich
zum Zweifel an der Existenz eines Gottes und zu ihrer Leugnung.
Das Leiden, das dem Frommen zu innerer Erhebung und Läu-
terung dient, weil er Gottes Hand auch in der Schickung
menschlichen Unglücks fühlt, wird dem Rationalisten lediglich

zu einem Grund der Unzufriedenheit und führt ihn zu der
Überzeugung, daß blinde Mächte im Menschenleben sinnlos
walten und die Allgüte und Allweisheit Gottes Kindermärchen
sind. Man kann es in religiös-liberalen Familien leicht beobachten, mit welcher Schnelligkeit der Weg dieses Gedanken-
ganges vom religiösen Liberalismus zur völligen Freigeistigkeit,
zum Atheismus führt (was übrigens für den christlichen nicht
weniger wie für den jüdischen Liberalismus gilt). Hierin liegt
auch die Erklärung, weshalb in den jüdischen liberalen Kreisen
der Austritt eines Juden aus der jüdischen Religionsgemeinschaft
ohne gleichzeitigen Übertritt zu einem anderen Glauben, sogar
das offene Bekenntnis zum Atheismus keinen oder nur ge-
ringen Tadel — abgesehen allenfalls von dem Unmut über den
Verlust eines Steuerzahlers für die Gemeinde — zu finden
pflegt.

Jene völlige Verständnislosigkeit gegenüber dem Credo quia
absurdum bedeutet des weiteren auch eine ebenso vollkommene
Verständnislosigkeit insbesondere gegenüber den christlichen
Dogmen, der Lehre von der Dreieinigkeit, der göttlichen Geburt
Christi, der Transsubstantiation beim heiligen Abendmahl, die
jenseits des menschlichen Begriffsvermögens liegen.

Wohl berichtet auch das alte Testament von Wundern die
Menge. Allein mit diesen weiß die Kritik der Aufklärung leicht
fertig zu werden, indem sie die Wundergeschichten entweder
einfach für Volksmärchen erklärt oder indem sie mehr oder
weniger gekünstelte Deutungen beibringt, wie der ehedem als
unbegreiflich erschienene Wundervorgang durch irgendwelche
erst in der Neuzeit bekannt gewordene Naturgesetze eine ganz
natürliche Erklärung finde (z. B. das Feuer im Dornbusch durch
eine irgendwie zustandegekommene elektrische Entladung und
was derlei Geschmacklosigkeiten sonst noch sind). An Wunder
und gar an die christlichen Dogmen wirklich zu glauben ist aber
für die Aufklärung etwas, wofür ihr Sinn und Verständnis

gänzlich fehlen. Hat ein Christ diesen Glauben von seinen Eltern überkommen, so mag es begreiflich erscheinen, daß er ihn äußerlich beibehält, schon aus Achtung vor der Tradition und weil er im einzelnen Fall keinen besonderen Anlaß haben mag, eine für die ganze Lebensstellung folgenschwere Änderung des Bekenntnisses vorzunehmen. Aber einen solchen unbegreiflichen Glauben neu annehmen — das ist etwas anderes und scheint dem „Aufgeklärten" ein Verhalten zu sein, daß der inneren Glaubwürdigkeit entbehrt und nur gegen besseres Wissen geschehen kann. Unbegreiflichkeit und Allmacht, diese notwendigen Eigenschaften Gottes (wenn man an Gott überhaupt glaubt), die, wenn als Glaubensinhalt ernstlich einmal angenommen, mit unzweifelhafter Logik schlechthin alles, auch das „Absurdeste", glatt und restlos erklären, haben in dem Glaubensgebäude des Liberalen ihre feste Verankerung verloren. Daher das Unvermögen. sich in andere hineinzudenken, die die christlichen Dogmen in Wahrheit glauben.

Es wird vergessen, daß der Glaube an Allmacht und Unbegreiflichkeit zum Glaubensbekenntnis auch des Juden selbst gehört. Daß ein christliches Dogma als unmöglich und unbegreiflich abgelehnt wird (statt etwa nur deshalb, weil schon die Offenbarnng des alten Testamentes erschöpfend sei und es eine spätere echte Offenbarung nicht mehr gebe), beweist, daß jener Glaube bei den liberalen Juden selbst nur noch ein äußerlicher ist und nicht mehr als schlechthin wahres Dogma angenommen wird.

Die Sache ist die, daß der religiöse Liberalismus, wo er sich einmal festgesetzt hat, mit einer gewissen Zwangsläufigkeit zu einem Verlust der Glaubensinnigkeit und schließlich des Glaubens selbst hinüberzuführen pflegt. Selten schon bei der ersten Generation. Diese tritt sogar zuweilen mit dem heiligen Eifer des Reformators an die „Reinigung" der Lehre heran, und es ist ihr ein natürliches Bedürfnis, dem Strenggläubigen gerade durch ihren Eifer und die Betonung ihrer Glaubensfreudigkeit zu zeigen, daß der Religion selbst keine Gefahr von dieser Seite drohe. Aber wie steht es mit ihrer Fähigkeit, den N a c h w u c h s im gleichen Geist der Frömmigkeit zu erziehen und ihm den jüdischen Glauben zu vererben?

IV.

Was die Jugend in den liberalen jüdischen Familien sieht und in sich aufnimmt, ist Kritik an der überkommenen Lehre und steter Zwiespalt zwischen dem, was in den heiligen Schriften vorgeschrieben und was im täglichen Leben eingehalten wird. So und so stehe es zwar in der überlieferten Lehre, sei auch von altersher bis jetzt unverbrüchlich so gehalten worden, aber das gelte jetzt nicht mehr, der aufgeklärte, moderne Mensch brauche sich daran nicht mehr halten — dies ist, was den jungen Leuten gesagt und Tag um Tag zu Bewußtsein gebracht wird, gebracht werden muß. Tag um Tag. Denn unendlich viel öfter und sinnfälliger als bei den Christen tritt jener Zwiespalt bei den Juden in die Erscheinung, deren rituelle Vorschriften sich von denen ihrer Umgebung so schroff und deutlich unterscheiden. Schon bei jeder Mahlzeit wird die Jugend eines Hauses, das die Speisevorschriften nicht mehr hält, auf die Möglichkeit gestoßen, mit kritischer Sonde auch Heiliges auf seinen wirklichen Wert zu prüfen und bei unbequemen Vorschriften die Möglichkeit herauszufinden, sie sich als unverbindlich vom Hals zu schaffen. Wie will man der Jugend ernstlich einen Vorwurf daraus machen, wenn sie den ihr gepriesenen Weg der aufklärerischen Kritik zu Ende schreitet, der sie aus Enge und Gebundenheit in die Freiheit und in die soziale Gleichheit zu führen verheißt!

Schon Moses Mendelssohn, der gewiß das Vorbild eines liberalen Juden von echter Frömmigkeit gewesen ist und als solcher imstande hätte sein müssen, auch seinem Familienleben den Geist des Judentums einzuflößen, wie ihn der religiöse Liberalismus versteht, hat die Mehrzahl seiner Kinder sich

zum Christentum bekehren sehen. War dies aber der Verlauf
am grünen Holz, so hatte und hat ein solcher Verlauf erst recht
nichts Auffälliges in allen den vielen Häusern, wo schon das
elterliche Vorbild wirklicher Religiosität fehlt und alle Glaubens-
dinge mit deutlicher Gleichgültigkeit, wenn nicht gar mit Spott
behandelt werden. Aber sogar in solchen Häusern ist es eine
keineswegs seltene Erscheinung, daß die Selbsttäuschung über
den Einfluß des eigenen Vorbilds so weit geht, daß mit Haß
und Abscheu von einem Glaubenswechsel gesprochen wird!
Die Beobachtung lehrt, daß sich der jüdische Liberalismus
selten über die dritte Generation hinaus erhält. Meist schon
vorher erfolgt der Austritt aus dem Judentnm und der Regel
nach auch der Wechsel des Bekenntnisses, sei es daß die Eltern
es sind, die ihre Kinder alsbald nach der Geburt oder
doch vor den Unterscheidungsjahren der Taufe zuführen, oder
daß die herangewachsene Jugend selbst zu diesem Schritte sich
entschließt.

Wie steht es denn um das religiöse Gefühl dieser Jugend,
die sich selbst überlassen ist? Um jenes Gefühl, daß erfahrungsgemäß auch unabhängig von der Erziehung, die ein Menschen-
kind tatsächlich genossen hat, bei den allermeisten Menschen
irgend einmal, wäre es auch nur vorübergehend, sich ernstlich zu regen pflegt? Was ist die Lage derer, bei denen
sich in einer religiös nicht mehr befriedigenden Atmosphäre
und Umgebung dieser religiöse Trieb zu zeigen beginnt und
nach Befriedigung verlangt?

Rückkehr zu jüdischer Frömmigkeit mag vorkommen, aber
wohl selten anders als auf der Grundlage einer zionistischen
Gesinnung, also weniger aus rein religiöser Überzeugung als
in dem Gedanken, daß zu der vom Zionismus erstrebten politischen Vereinigung des jüdischen Volkes auch der Kitt des
einigenden Bekenntnisses und der altüberkommenen Formen
gehöre. Der Regel nach stehen jener Rückkehr aber die schwer-

sten inneren und äußeren Hemmungen entgegen. Wer aus einem Elend herausstrebt, geht lieber vorwärts, einen neuen Weg als den alten zurück, vollends derjenige, der in dem Geist der Aufklärung aufgewachsen und daher ohnehin geneigt ist, das Alte, die historische Tradition, zu mißachten. Dies zumal gegenüber einem Kultus, den die eigene Familie, die Allernächststehenden mehr oder weniger als sinnlos behandeln und zu dessen Verständnis gar eine fremde, schwer zu erlernende Sprache gehört, deren Kenntnis und vollends deren Gebrauch außerhalb der orthodoxen Kreise verschwunden ist und wie eine Kuriosität betrachtet wird.

Hierzu kommt aber noch der in seiner psychologischen Tragweite nicht zu unterschätzende Umstand, daß der soziale Zusammenhang der liberalen mit den strenggläubigen Familien aus den bereits erörterten Gründen sich weithin gelöst zu haben pflegt. Rückkehr zur Strenggläubigkeit bedeutet regelmäßig Lösung oder doch Lockerung der bisherigen gesellschaftlichen und Familienbeziehungen, ebenso wie der Übergang von Strenggläubigkeit zum Liberalismus eine solche herbeigeführt hatte. Der Unterschied ist aber der, daß der Liberalismus die Pforten einer gesellschaftlichen Annäherung an die nichtjüdischen Volksteile geöffnet und diese Annäherung in einem beträchtlichen Umfang tatsächlich herbeigeführt hatte, während die Rückkehr zu den alten Kreisen eine W i e d e r e i n e n g u n g des gesellschaftlichen Lebens bedeutet, dessen Erweiterung oder doch Erweiterungsmöglichkeit mehr und mehr zu einem wirklichen Bedürfnis, zu einem wesentlichen Teil des allgemeinen Dranges nach Emanzipation geworden war.

Am leichtesten vollzieht sich der Übertritt zum Christentum für den, der sich einem liberalen Protestantismus zuwendet. Äußere Hindernisse sozialer Art pflegen solchenfalls kaum ins Gewicht zu fallen. Der Übergetretene kann der Regel nach in seinem Kreise weiter leben, als wäre überhaupt nichts geschehen.

Gibt nicht er selbst seinen Übertritt bekannt, so kann die Veränderung gänzlich unbeachtet bleiben. Die Tadler unter seinen früheren Glaubensgenossen mag er aber wohl fragen, worin denn der dogmatische Unterschied zwischen einem liberalen Judentum und einem liberalen Protestantismus bestehe, wenn bei letzterem, wie es in recht weiten Kreisen der Fall ist, die Intellektualisierung des Glaubensinhaltes so weit geht, daß nur der rein monotheistische Gottesbegriff übrigbleibt, derart daß sogar die göttliche Natur Christi verneint und Christus lediglich als ein Mensch und Märtyrer von vorbildlichen Eigenschaften und vorbildlichem Leben und als ein großer Religionslehrer und Ethiker verehrt wird. Ist es viel mehr als Eigenbrötelei und eine starrköpfige „Vereinsmeierei", so mag der Übergetretene leicht fragen — wenn da die liberalen Juden an einer religiösen Sonderstellung noch festhalten?

Die stärkste und gehässigste Anfeindung von seiten ihrer früheren Glaubensgenossen erfahren die, die erklären, daß ein innerer Drang sie zu einem der christlichen Glaubensbekenntnisse getrieben habe. Denn ebenso verständnislos wie den christlichen Dogmen selbst pflegen die „Aufgeklärten" der gewaltigen Geistesmacht gegenüberzustehen, mit der noch heute wie ehedem das Christentum Millionen und Abermillionen von Bekennern in seinen Bann zwingt. Wenn vollends ein Jude sich aus freiem Willen der Taufe unterzieht, so fehlt ihnen das Einfühlungsvermögen in einen solchen Entwicklungsgang des Seelenlebens bis zu dem Grad, daß sie ehrlich überzeugt sind, der Übergetretene könne nur wider bessere Überzeugung gehandelt haben. Er könne nicht anders, als um irgendwelcher äußerer Vorteile willen seinen — „seinen" — Glauben verleugnet haben. Es geht einfach über ihr Begriffsvermögen, daß der Glaubenswechsel in zahllosen Fällen das Endergebnis schwerster innerer Kämpfe ist und daß solche nur den wenigsten ernsteren Naturen erspart bleiben, die im liberalen Lager aufgewachsen sind und deren religiöses Bedürfnis in diesem keine Befriedigung findet. Es ist freilich eine Selbstverständlichkeit, daß sich unter der großen Zahl der Getauften auch solche befinden, die mit der Taufe lediglich äußere Vorteile bezweckt haben. Aber Hand aufs Herz! Ist es denn gar so selten und verdient es so viel eher Hochachtung, wenn liberale Juden nur aus äußerlichen Gründen und im Widerspruch mit ihrer (in diesen Fällen regelmäßig atheistischen) Überzeugung, auch nicht etwa aus Pietät gegen ihre Familie, „Juden" bleiben, nur weil sie fürchten, andernfalls ihre geschäftlichen Beziehungen zu verlieren oder sonstige materielle Nachteile zu erleiden? Gar mancher Ungetaufte bekennt diese seine Beweggründe mit aller Offenheit. Auch hier heißt es eben: peccatur intra muros et extra.

Nicht scharf genug kann aber der bedauerlich großen Zahl derer entgegengetreten werden, die der Rechtgläubigkeit in ihrem eigenen jüdischen Lager spotten und sich gleichzeitig in der Verächtlichmachung der Beweggründe derer, die das Judentum verlassen, nicht genug tun können, wie wenn es hierfür keine Erklärung gäbe als Charakterlosigkeit und Ehrlosigkeit. Diese Pharisäer besitzen kein Empfinden dafür, wie sie mit dieser Haltung ihr eigenes Nest beschmutzen. Ein wahrer Erdrutsch vom Judentum zum Christentum vollzieht sich im Abendlande unausgesetzt, seitdem die „Aufklärung" unter den Juden sich verbreitet hat und vollends seitdem die Emanzipation die äußeren Schranken zwischen Juden und Nichtjuden niedergelegt hat. Welch niedrige Einschätzung der Charaktereigenschaften des jüdischen Volkes ist es, genau besehen, wenn man die Massenerscheinung, um die es sich hier handelt, nicht anders als mit einer Minderwertigkeit des Charakters aller dieser Einzelpersönlichkeiten zu erklären weiß!

V.

Die ganze Entwicklung des jüdischen Liberalismus bildet einen Musterbeweis für die verhängnisvolle Unrichtigkeit der Meinung, die religiöse Form sei völlig Nebensache und unwichtig. Akzeptiert man eine Religion nur auf Grund verstandesmäßiger Überlegung, so mag man sie sich auch im einzelnen so gestalten, wie man es verstandesmäßig für richtig hält, mag dieser ode jene Lehre anders fassen, „anders verstehen", als sie bisher verstanden wurde, mag diesen Ritus abändern und jenen ganz weglassen. Dann darf man aber auch nicht erstaunt sein, wenn andere verstandesmäßig zu einem anderen Standpunkt, zu anderen Riten und auch zu anderen Dogmen gelangen. Denn wenn der Verstand den Gottesbegriff überhaupt und — als für diesen begriffswesentlich — die Unerforschlichkeit und die Allmacht Gottes in sich aufgenommen hat, so gibt es kein Dogma und ist auch schlechterdings keines denkbar, das als logisch nicht vereinbar mit diesem Gottesbegriff erscheinen könnte. Gefühl und Gewohnheit des Liberalen mögen irgendein Dogma zurückweisen. Glaubt aber der Verstand, es ablehnen zu können, so hat ihn dabei die Logik im Stich gelassen, weil Allmacht und Unerforschlichkeit jedwedes „Unmöglich" ausschließen. Wer Dogmen rein mit dem Verstand aufstellt oder mit dem Verstand ablehnt, der „voraussetzungslose" Denker muß sich damit abfinden, daß der menschliche Verstand in seiner Freiheit unendlich verschiedene Wege gehen kann und, wie die tägliche Beobachtung auf allen Gebieten menschlichen Denkens zeigt, auch tatsächlich zu gehen pflegt. Denkfreiheit und Dogmenglaube können auf die Dauer nicht beisammen wohnen. Eine Religionsgemeinde, die ihren Mitgliedern völlige

Denkfreiheit gewährt, muß früher oder später auseinander-
flattern.

Gilt aber eine Religion ihrem Bekenner als eine Offenbarungsreligion, glaubt er sein Bekenntnis nicht seinem
eigenen Verstand, sondern einem göttlichen Gebot, so kann
es logischerweise kein Drehen und kein Deuteln daran geben,
daß dieses Gebot in allem, was es ausspricht, unantastbar
richtig ist und daß es mit vollkommener Strenge gehalten
werden muß, gleichviel ob es verständlich und zeitgemäß erscheint oder nicht. Man kann darüber streiten, ob irgendeine Vor-
schrift oder eine sonstige Äußerung der geheiligten Überlieferung echt sei oder apokryph, das heißt, ob sie wirklich
einen Teil der Offenbarung bilde und nicht nur durch einen
menschlichen Irrtum oder eine Fälschung einmal irgendwie
in die heiligen Schriften hineingeraten sei und deshalb aus
diesen wieder entfernt werden müsse. Man kann auch darüber
streiten, wie eine Stelle sprachlich zu verstehen und ihr Wort-
sinn auszulegen sei. Aber man darf nicht kritisch sichten
wollen, wie es die sogenannte Aufklärung tut, was an der
Lehre heute „noch" verbindlich sei und was nicht. Nimmt man
die Bibel im Ganzen als Buch der göttlichen Offenbarung und
kann man nicht den Nachweis erbringen, daß diejenigen
Stellen, die Gebote für das äußere Verhalten der Menschen
geben, apokryph sind, so müssen diese Gebote nach dem Sinn
ihrer Worte gehalten werden, und zwar nicht weil sie als gut
und zweckmäßig begriffen werden, sondern aus gar keinem
andern Grund als einzig und allein deshalb, weil sie der offen-
barte Wille Gottes sind. Der Aufgeklärte hält aber die zehn
Gebote nicht um deswillen, weil sie von Gott gesetzt sind,
sondern darum, weil er sie als die vernünftige Grundlage des
menschlichen Zusammenlebens erkennt. Daß ihnen die Heilige
Schrift einen unmittelbar göttlichen Ursprung beilegt, erklärt
er für eine pia fraus kluger Gesetzgeber, die solche Normen

für göttlich ausgaben, um ihnen bei dem in dunkler Furcht
vor überirdischen Mächten befangenen Volk die notwendige
Autorität zu verleihen. Und ebenso argumentiert der aufgeklärte Jude auch, daß beispielsweise die Speisegebote des
Alten Testaments sehr weise zu ihrer Zeit und an ihrem Ort
gewesen seien, weil sie nämlich diejenige Hygiene vorschrieben,
die Klima und sonstige Verhältnisse in Palästina verlangten.
Und er versteht, daß die Priester, die das jüdische Volk
regierten, gut daran getan haben, diese Vorschriften auf Gottes
Willen zu gründen, um ihnen Gehorsam zu sichern. Aber heute
unter gänzlich veränderten Lebensverhältnissen seien jene
Voraussetzungen der Speisegebote nicht mehr vorhanden und
es sei daher auch keine Religionsverletzung, keine Sünde, sie
nicht mehr zu beobachten. Und ähnlich bei vielen anderen
Vorschriften, namentlich bei mehr oder weniger allen rituellen
Formen.

Form hat jedoch ihren eigenen Sinn. Form hat praktische
Bedeutung. Form bedeutet Disziplin, Einordnung in eine bestimmte Regel und Bewußtsein dieser Einordnung — Formlosigkeit das Gegenteil. Form bedeutet Tradition, Forterhaltung
von etwas Bestehendem, mag sie sich auch verändern; Formlosigkeit hat einen ephemeren Charakter. Form gehört zu dem,
was man „Kultur" eines Volkes nennt, Formlosigkeit setzt
sich über diese hinweg. Form ist eine soziale, Formlosigkeit
eine individualistische Kategorie. Form wirkt zusammenfassend, Formlosigkeit auflösend. Formlosigkeit begünstigt das
Auseinanderfallen.

Wohl keine sinnenfälligere Veranschaulichung läßt sich für
die Richtigkeit dieser Sätze und damit, kurz gesagt, für die
Gefährlichkeit des „Modernismus" finden als die jüdische
Religion und ihr Schicksal, seitdem und soweit sie von der
Aufklärung ergriffen wurde, die die alten Formen teils ge-
mildert und modernisiert, teils ganz beseitigt hat.

Als die praktisch wichtigste der äußeren Formen der Religionsübung dürfte der Besuch des gemeinsamen Gottesdienstes zu betrachten sein, der unter Einhaltung bestimmter Riten verrichtet wird. Die Einhaltung dieser Form, die Teilnahme an den gottesdienstlichen Übungen wirkt zunächst in religiöser Hinsicht dahin, gewissermaßen zwangsweise zu bestimmten Zeiten die Gedanken auf Gott zu lenken, religiöse Gedanken zu pflegen und das Gefühl der Unterordnung unter die Offenbarung durch tätige Befolgung ihrer Vorschriften wachzuhalten. Je eigenartiger dabei die Riten anmuten, nur desto mehr wird psychologisch diese ihre mytische Autorität verstärkt. So gibt der Gottesdienst dem Frommen das Gefühl der Nähe Gottes und der Verbundenheit mit Gott. Religion kommt von religare (das heißt binden). Wohl glaubt auch der Aufgeklärte — sofern er überhaupt noch gläubig und nicht über alles ,,Glauben'' überhaupt schon hinaus ist — an Gott. An einen ,,Vater überm Sternenzelt''. Allein dieser abstrakte Glaube für sich allein, dem das Gefühl einer steten, sinnenfälligen Verbindung, wie es die Beobachtung der religiösen Formen gibt, nicht stärkend und stützend zur Seite steht, mag als Philosophie gelten, ist aber keine Religion. Es ist eine Philosophie, die zwar einzelne Denker sicherlich befriedigen kann, die aber der großen Masse derer, deren Gemütsleben eines überirdischen Haltes bedarf, lediglich nichts bietet. Es ist mit dem Rankenwerk äußerer Riten, die sich um das Dogma schlingen, wie mit der Haut des menschlichen Körpers: wird die Haut durch Unfall oder Krankheit in einem gewissen größeren Umfang zerstört, so stirbt der Körper, auch wenn seine inneren Teile an und für sich kräftig und gesund waren; denn auch die Haut, die den lebenden Körper nach außen umhüllt, ist lebenswichtig.

Dem Religionsbedürfnis wohl der wenigsten Menschen, die ein solches besitzen, ist mit dem Bewußtsein gedient, daß unten auf der Erde das Menschlein wandelt und gelernt hat, es throne hoch im Himmel oben ein Gott — wenn keine geistige Leiter zu diesem Gott hinaufführt, eine Leiter, auf der der Mensch sich der Gottheit nähern kann und auf der er Gottes Sendungen herniederkommen sieht. Für den Christen ist Jesus der Mittler und für den katholischen Christen belebt sich die Himmelsleiter mit Heerscharen heiliger Gestalten, die mitfühlend und menschenverständlich den Menschen nahe stehen. Andere Religionssysteme, der Islam, der Buddhismus, haben andere Propheten und Gottgesandte, die menschlich verkörpert dem Verständnis der Menschen erreichbar sind. Auch dem frommen Juden ist Moses und sind eine lange Reihe patriarchalischer Gestalten des Alten Testaments Sendlinge Gottes, die mit Gott und mit den Menschen zugleich verkehrten und eine lebendige Verbindung zwischen Jenseits und Diesseits herstellten. Die ganze Geschichte der Juden, wie sie die Bibel überliefert und wie sie für den Frommen heilige Offenbarung und gesicherte Wahrheit ist, ist eine Geschichte der Wunder, die Gott in steter, sichtbar enger Verbindung mit „seinem" Volk zeigten. Und in allen Bekenntnissen hilft der Ritus den Glauben an Wunder und an geheiligte Personen von Tag zu Tag, ja von Stunde zu Stunde wach und frisch erhalten, so daß der Fromme empfänglich werde und bleibe, auch in der nüchternen Gegenwart und in dem eigenen tätigen Leben Gott zu erkennen und zu fühlen.

Diese verbindende Leiter des Verständnisses, die aus der irdischen in die überirdische Sphäre emporführt, ist durch die „Aufklärung" den Menschen genommen worden. Wohl wollte die Aufklärung von Haus aus den Menschen Gott nicht nehmen. Sie glaubte vielmehr, den Gottesbegriff zu erhöhen, indem sie von aller irdischen Beimengung des Glaubens abstrahierte. Aber sie zerbrach damit die Leiter der Phantasie und erhob den Gottesbegriff in solche Höhe, daß er nur dem Philosophen noch erreichbar ist. Jedoch zu Philosophen sind die wenigsten Menschen geschaffen.

Die äußere Form des Kultus ist aber nicht allein von hoher geistiger Bedeutung für das innere Glaubensleben, sondern auch praktisch wichtig für das äußere Verhältnis des Einzelnen zu seiner Glaubensgemeinschaft und für deren Bestand, und dies ganz besonders im Judentum. Ist in eine christliche Familie der religiöse Liberalismus eingedrungen, so ist nicht das geringste im Weg, daß — persönliche Verträglichkeit vorausgesetzt — das eine oder andere der Familienmitglieder sich der neuen Richtung zuwendet und sich über alles hinwegsetzt, was in Hinsicht auf das äußere Verhalten die Kirche verlangt, während die übrigen ihren strengen Glauben behalten haben, den Gottesdienst besuchen, auch zu Hause die vorgeschriebenen Gebete verrichten und was dergleichen mehr ist. Und wenn der Freigeist vielleicht in älteren Jahren wieder den Anschluß an die Frommen seines Glaubens sucht oder wenn eine spätere Generation das Bedürfnis hat, zu kirchlicher Strenge zurückzukehren, so ist diese Rückkehr möglich, ohne daß sich irgend etwas sonst im äußeren Leben ändert, ohne daß irgendwie Aufhebens davon gemacht werden braucht und auch ohne daß im sozialen Leben, im geselligen Verkehr mit anderen Menschen irgendwelcher Wandel eintritt. Die Rückkehr vom Liberalismus zur Orthodoxie ist für den Christen ein innerer Vorgang, der an und für sich keinen anderen Menschen etwas angeht, keinen anderen Menschen in Mitleidenschaft zieht und gänzlich unbemerkt bleiben kann. So betrachtet, mag der Liberalismus vom Standpunkt des streng kirchlichen Interesses aus sogar ein Gutes haben. Denn er ist, auch wo er sich noch so freigeistig gibt, immerhin noch nicht der Abfall. Er ist ein Weg, der zwar abseits führt, der aber diejenigen, die abseits gehen wollen, doch immer noch im Bannkreis der Kirche hält, sie nicht ganz in die Fremde führt, sondern auf dem sie im Gegenteil die Tore zur Rückkehr in den Schoß der rechtgläubigen Kirche jederzeit weit offen finden. Dies vollends im Protestantismus, der seinen Bekennern eine weitgehende Freiheit des individuellen Glaubens läßt und selbst solchen die Bezeichnung als seiner Bekenner nicht verweigert, die sogar die Göttlichkeit Christi verneinen und nichts Wesentliches übriglassen, das ihr Christentum von einem liberalen Judentum unterscheiden würde. Hier kann der Liberalismus somit, kurz gesagt, als das kleinere Übel gelten, das ein Mittel ist, um ein größeres Übel, den völligen Abfall, zu vermeiden.

Ganz anders bei den Juden. Hat einmal der Geist der Aufklärung eine Familie in dem Maß ergriffen, daß einzelne ihrer Mitglieder sich der äußerlich religiösen Bindungen, vor allem des Speiserituals erledigt haben, so ist damit die Gemeinsamkeit des Familienlebens zerrissen. Denn wo die Speisegesetze nicht mehr von allen befolgt werden, vollzieht sich eine Trennung vom Tisch. Zwar steht nichts im Wege, daß der Verächter dieser Gesetze nach wie vor am Mahl des Frommen teilnehme, dem Frommen aber ist und bleibt der Zutritt zu dem Tisch dessen, ob Jude oder Nichtjude, verschlossen, dessen Mahlzeit nicht rituell bereitet ist. Das Tischtuch ist zerschnitten. Scheint auch dieser erste Schritt der Trennung sich in einer äußerlichen Formfrage zu erschöpfen, so zeigen im weiteren Verlauf die Wirkungen unfehlbar seine Tragweite. Er gleicht der Abspaltung einer neuen Zelle, wo bisher nur eine einzige gewesen war, und diese neue Zelle strebt weg zu anderen Zellen, die ihr adäquatere, ihr mehr zusagende äußere Lebensbedingungen aufweisen als jene alte, von der sie sich um der Nichtübereinstimmung willen losgelöst hatte. Man wird sich fremd.

Mit der gesellschaftlichen wächst auch die geistige Entfernung und Entfremdung. Das jüdische Gemeinschafts-

gefühl schwächt sich ab. Der positive Inhalt der Gemeinschaft, der Glaube, für dessen aktive Betätigung die Gemeinschaft lebt, ist verblaßt und was den Aufgeklärten noch mit
dieser Gemeinschaft innerlich verbindet, ist mehr und mehr
nur noch das Bewußtsein einer bloßen Schicksalsgemeinschaft,
einer historischen Verbundenheit, nicht durch ein lebendiges
Ideal, sondern durch die Erinnerung an einen gemeinsam
zurückgelegten Leidensweg, nicht durch das gemeinsame
Streben nach einem vorwärts weisenden Ziel, sondern durch
ein sentimentales Gesetz der Beharrung, das den einen Weggenossen an der Seite des anderen noch eine Zeitlang weiter
marschieren läßt. Rückkehr zur alten engen Gemeinschaft
mit diesem Weggenossen ist selten, wenn einmal die Trennung
eine gewisse Zeit lang gewährt hat. Nur tiefe Resignation oder
aber ein neues positives Ideal (wie es beispielsweise der Zionismus seinen Anhängern bietet) vermag im allgemeinen zu solcher
Rückkehr in den Kreis der Rechtgläubigen zu treiben.

Alle Religionen haben ihre Aufklärung, ihren Liberalismus,
ihren Modernismus. Aber keiner Religion ist der Modernismus
so gefährlich geworden wie dem Judentum. Denn bei keiner
ist der äußere Kultus von so einschneidender Bedeutung für
das soziale Leben und ist die Form in gleichem Maß das
Mittel, den Kreis der Bekenner beisammen und damit das
Bekenntnis überhaupt am Leben zu erhalten.

VI.

Gibt man den im obigen dargelegten Gesichtspunkten recht, so erhellt, daß die Taufe der Regel nach nicht etwa den Anfang des Angleichungsprozesses bildet, sondern seinen Abschluß. Sie ist der letzte Schritt, den derjenige tut, der sich in seinem Inneren längst zu dem christlichen Lager hingezogen fühlt — ein Gefühl, das zumeist schon an und für sich beweist, daß die kulturelle Angleichung bereits so weit fortgeschritten ist, daß das christliche Milieu Besitz von dem der Taufe Zugeneigten genommen hat. Die Taufe beseitigt die letzte äußere Schranke, die der Anerkennung sozialer, politischer und kultureller Gleichheit mit den Nichtjuden im Wege zu stehen pflegt. Mögen auch diesem und jenem einzelnen Getauften noch Eierschalen seiner Vergangenheit erkennbar anhaften; spätere Generationen gehen — dies lehrt die tägliche Erfahrung — ununterscheidbar in dem Wirtsvolk unter.

Es ist eine beliebte Frage, ob die Juden sich assimilieren „sollen". Sie pflegt im Sinne derer, die sie erörtern, mit der Frage zusammenzufallen, ob die Juden sich taufen lassen sollen oder nicht.

Die Frage beruht auf einer völligen Verkennung der Tatsachen. Denn es handelt sich hier nicht bloß um eine Angelegenheit des individuellen Wollens, sondern zugleich um einen historischen Werdeprozeß, der als Ganzes, als eine Geschichtsbegebenheit großen Stils betrachtet werden muß und nur im Rahmen der kulturellen Gesamtgeschichte der Zeit zu verstehen ist. Solche Begebenheiten, auch wenn sie sich aus lauter Einzelentschlüssen aufbauen, sind niemals zu begreifen, wenn man nur die persönlichen Motive und das persönliche Milieu der Einzelnen ins Auge faßt, sondern diese Einzelentschlüsse müssen in ihrer Abhängigkeit von den Gesamttendenzen und den gesamten Zeitverhältnissen verstanden werden. Es gibt, wenn man näher zusieht, herzlich wenig Menschen, die auch nur einigermaßen selbständig denken und handeln. Die allermeisten leben in den Gedankengängen, die ihnen durch Erziehung und Umgebung angewöhnt sind, und sie handeln mit einer gewissen Zwangsläufigkeit so, wie es ihren sozialen Verhältnissen entspricht. Wenn irgendwann, so muß daher bei historischen Volksbewegungen denjenigen Motiven nachgegangen werden, die sozusagen in der Luft lagen und denen jeder, der eine bestimmte Luft atmete, sei es bewußt oder (zu allermeist) unbewußt Gefolgschaft leistete.

Vergegenwärtigt man sich auch nur die im Obigen berührten Gesichtspunkte, die zum Verständnis der jüdischen Übertrittsbewegung heranzuziehen sind, so muß schon einleuchten, daß es ein ganzer Komplex geistiger Einflüsse und Abhängigkeiten ist, durch die der Einzelne in die und die Bahn gedrängt wird. Eher konnte man noch in f r ü h e r e n Zeiten die Übertritte von Juden zum Christentum individuell beurteilen; denn sie waren, falls freiwillig, A u s n a h m e n , die schon ihrer Natur nach, weil eben Ansnahmen, einen individuellen Charakter hatten. Die M a s s e n b e w e g u n g aber, als die sich der Übertritt von Juden zum Christentum längst darstellt, ist eine soziale Erscheinung, der mit den kleinen Opportunitätsgründen des Einzelnen so wenig beizukommen ist wie mit Betrachtungen über die religiösen Skrupel, mit denen sich der Einzelne in seinem Innern quälen mag. Bei solchen sozialen Bewegungen behält zum mindesten für den großen Durchschnitt der von der Bewegung Erfaßten das Wort recht, daß der Einzelne zu schieben glaubt, aber geschoben wird.

VII.

Die Völker des Altertums und des Mittelalters vollzogen die Aufsaugung unterworfener Stämme mit Gewalt. Das neunzehnte Jahrhundert wählte im Abendland zur Aufsaugung der Juden den Weg der E m a n z i p a t i o n, der den Juden offiziell die volle Freiheit gab, Juden zu bleiben, wenn sie wollten, und dennoch Deutsche, Österreicher, Franzosen, Engländer usw. zu werden. Man verließ sich auf die werbende Kraft der eigenen Kultur und man tat recht daran. Denn was mit Gewalt im neunzehnten Jahrhundert schwierig gewesen wäre, das erreichte nun die Freiheit in kürzester Frist — die kulturelle Angleichung bis zum offiziellen Übertritt in das neue Lager.

In Deutschland wird diese geschichtliche Tatsache, die deutlicher als alles die Kraft der deutschen Kultur beweist, durch den Umstand verschleiert, daß die Zahl der Juden bei der statistischen Vergleichung verschiedener Jahre sich nicht sehr wesentlich verändert, jedenfalls nie wesentlich vermindert zeigt. Um aus der Statistik Schlüsse ziehen zu können, die für die hier interessierende Frage wertvoll wären, wäre es aber notwendig zu wissen, wie Aufklärung und Emanzipation in denjenigen jüdischen Familien gewirkt haben, die zur Zeit des B e g i n n e s der Aufklärung und der Emanzipation im Lande wohnten, und es wäre umgekehrt wissenswert, wieviele von den heutigen Bekennern des jüdischen Glaubens in Deutschland aus Familien stammen, die schon seit alter Zeit hier gelebt haben, oder aus solchen Familien, die erst in neuer Zeit aus dem Ausland zugewandert sind. Es wäre wohl eine dankbare Aufgabe für ein statistisches Seminar, systematische Untersuchungen in dieser Richtung vorzunehmen. Alle Wahrscheinlichkeit spricht dafür, daß die Aufschlüsse, die sie liefern würden, die Bestätigung dafür ergeben würden, daß der Emanzipation die Angleichung der von ihr erfaßten jüdischen Familien in einem staunenswert hohen Maß gelungen ist und daß dieser Assimilierungsprozeß mit unaufhaltsamer Sicherheit weiter und weiter fortschreitet. Eine wertvolle Ergänzung solcher statistischer Untersuchungen könnte es ferner sein, wenn durch Einzelbeschreibungen jüdischer Familien Material von solchem Umfang, daß es für statistische Durchschnittsermittlungen genügend wäre, bezüglich der Frage gesammelt werden könnte, wielange es gewöhnlich zu dauern pflegt, bis dem Übergang von der Orthodoxie zum religiösen Liberalismus der Austritt aus dem Judentum oder der Übertritt zum Christentum nachfolgt.

Freilich stehen einer solchen Untersuchung erhebliche Schwierigkeiten entgegen — nicht etwa deshalb, weil die jüdische Familiengeschichte nicht hinreichend gepflegt würde, sondern weil nicht selten sowohl die Nichtgetauften von den Getauften als auch die Getauften von den Nichtgetauften nichts mehr wissen wollen. Immerhin wäre — auch von dem Standpunkt der Orthodoxie aus, die ein Interesse daran hat, die Gefährlichkeit des Modernismus darzutun — die Veranstaltung einer derartigen Untersuchung des Versuches wert. Ihr Ergebnis wäre dann von Interesse nicht nur für das Judentum allein, sondern allgemein religionsgeschichtlich für alle Bekenntnisse, in denen Orthodoxie und Modernismus miteinander kämpfen.

Ganz besonders aber wäre eine statistische Untersuchung der vorstehend angeregten Art in einer Zeit zu begrüßen, in der das Rassenproblem so wie jetzt im Vordergrund steht und das Für und Wider des Rassenantisemitismus so eifrig erörtert wird. Beide Parteien, die sich bei letzterem gegenüberstehen, müßten ein starkes Interesse daran haben, zuver-

lässiges Material für die Frage zu gewinnen, in welchem
Maß die Angleichung derjenigen Juden gelungen oder miß-
lungen ist, die sich der Taufe unterzogen haben und bezüglich
deren somit nur die Rassenverschiedenheit als Erklärung
übrig bleibt, wenn tatsächlich typische Unterschiede kultureller Art auch noch bei den späteren, also den christlichen
Generationen festgestellt werden können; so wie auch umgekehrt aus der negativen Feststellung, daß nämlich solche
Unterschiede nicht mehr wahrnehmbar sind, schlüssig zu
folgern wäre, daß die von den Rassenantisemiten behauptete
Unmöglichkeit der Angleichung nicht besteht.

Eine Untersuchung zum Nachweis, wie stark das deutsche
Volk mit jüdischem Blut durchsetzt ist, könnte gar nicht weit
genug ausgedehnt und namentlich auch zeitlich nicht weit genug
zurück geführt werden. Sie sollte möglichst viel Material aus
einzelnen Familiengeschichten zusammentragen, um möglichst
auch darüber Aufschlüsse zu erlangen, welchen Berufen sich die
Abkömmlinge der Getauften zugewandt und wieweit sie es in
ihnen gebracht, auch welche Stellung sie etwa im öffentlichen
Leben eingenommen haben. Ganz besonders wichtig wäre es
auch, wenigstens einigermaßen aufzuhellen, wieviel jüdische
Nachkommenschaft heute im deutschen Proletariat, im Klein-
bürger- und Kleinbauerntum und andererseits im Adel stecken
mag. Auch dem Schicksal derjenigen jüdischen Familien sollte
einmal nachgegangen werden, die in früheren Jahrhunderten
infolge Zwangs zum Christentum übergetreten sind, also der
Frage, welche genealogische Wirkung namentlich die Massentaufen, die z. B. in zahlreichen deutschen Reichsstädten einst-
mals vorgenommen wurden, hinsichtlich der Fortpflanzung
der Bevölkerung dieser Gebiete gehabt haben. Die Massentaufe
spanischer Juden, nachdem unter der Regierung von Ferdi-
nand und Isabella das Edikt von 1492 alle ungetauften Juden
zur Auswanderung gezwungen hatte, hat zur Folge gehabt,

daß heute ein sehr wesentlicher Teil des spanischen Volkes, und zwar ganz besonders auch des hohen Adels jüdisches Blut in sich hat. Ebenso kann angenommen werden, daß die einst in manchen Reichsstädten, aber auch in anderen (geistlichen wie weltlichen) deutschen Territorien erzwungenen Massentaufen die Folge gehabt haben, daß die Bevölkerung, die aus diesen Territorien und Städten stammt, seither in sehr weitem Umfang mit jüdischem Blut durchsetzt ist.

Aus dem antisemitischen Lager stammen einige Veröffentlichungen, die mit biographischen Daten das Eindringen und Vordringen der Juden — ohne Unterscheidung zwischen getauften und ungetauften — in bestimmte Berufe oder Gesellschaftskreise dartun wollen mit dem Zweck, die „Reinhaltung" dieser Kreise zu erleichtern. Die bekannteste unter diesen Veröffentlichungen ist das erstmals 1912 erschienene „Weimarer historisch-genealoge (sic!) Taschenbuch des gesamten Adels jehudäischen Ursprungs". An diesen sogenannten „Semi-Gotha" schloß sich noch eine kleine Folge ähnlicher Veröffentlichungen an. Es genügt, diese Bücher, in denen Seite für Seite ein fanatischer Haß die Feder führt, nur anzublättern, um zu sehen, daß an ihrem eifrigen Willen (so viele Unrichtigkeiten im einzelnen auch nachweisbar sein mögen), die „Verjudung" des deutschen Volkes weitgehend aufzudecken, nicht zu zweifeln ist. Schreckt doch das in der Folge der Semigothaischen Genealogischen Taschenbücher im Jahre 1919 erschienene Bändchen „Semi-Imperator" nicht einmal von dem Versuch eines Nachweises zurück, daß alles, was an Wilhelm II. getadelt wird, durch einen starken Einschlag jüdischen Blutes zu erklären sei, das in seinen Adern fließe.

Von der jüdischen Seite wurden diese Publikationen zumeist mit Entrüstung aufgenommen. Psychologisch war diese Entrüstung auch durchaus erklärlich und gerechtfertigt, weil jene Schriften offenkundig eine Beleidigung bezweckten, nämlich

die Behauptung einer Minderwertigkeit des jüdischen Blutes.
Allein politischer Instinkt hätte verlangt, den Stiel herum-
zudrehen und nun auch von der jüdischen Seite aus erst recht
eine systematische Untersuchung darüber zu veranstalten,
was aus den ungezählten getauften Juden und aus ihren Nach-
kommen im Lauf der Jahrhunderte geworden ist, und auf
diesem Weg klarzumachen, wie untrennbar die deutsch-jüdische
Blutmischung heute ist und wieviel jüdisches Blut in den
Adern gerade auch zahlreicher der besten „arischen" Deutschen
nachgewiesen werden kann. Daß es nicht einmal zu dem Versuch einer solchen Untersuchung gekommen ist, mag sich zu
einem guten Teil aus persönlicher Abneigung der Nichtgetauften
erklären, anerkennen zu müssen, wieviele Getaufte es nicht
bloß zu äußeren Ehren, sondern verdientermaßen und mit
Recht zu wirklicher Achtung und hohem Ansehen gebracht
haben.

VIII.

Die Unerschöpflichkeit des Zustromes von Juden aus dem Ausland stellt dem Aufsaugungsvermögen des Deutschtums eine Aufgabe, deren endgültige Lösung sich fortgesetzt desto weiter hinausschiebt, je weiter an ihr gearbeitet wird. Je mehr man sich in der Richtung des Zieles fortbewegt, desto mehr entfernt es sich, einer Fata morgana gleich.

Jenes Vermögen ist übrigens keine Kraft von konstanter Größe. Zu verschiedenen Zeiten, unter verschiedenen Verhältnissen ist es verschieden. In Perioden wirtschaftlichen Aufschwungs kann es sehr viel größer sein als in solchen des Niedergangs, vollends als in Zeiten der Not, in denen die Bevölkerung in der Empfindung lebt, es seien mehr Menschen im Lande, mehr Menschen müßten aus den Kräften des eigenen Landes ernährt werden, als dieses zu beherbergen und zu ernähren imstande ist. Dabei kommt es auch nicht sowohl auf die wirklich vorhandene Bevölkerungskapazität eines Landes in einem gegebenen Zeitpunkt an als vielmehr auf das Vorhandensein jener Empfindung als solcher.

Man muß sich, um die Bedeutung und Tragweite eines Volksempfindens solcher Art richtig würdigen zu können, folgendes vor Augen halten.

Wenn jemand in eine Gemeinschaft eintritt, so reagiert diese mit dem Bestreben, entweder sich den Fremdling völlig einzuverleiben oder ihn wieder abzustoßen. Je lebenskräftiger die Gemeinschaft sich fühlt, desto entschiedener wirkt dieses Bestreben, sei es in der einen oder in der anderen Richtung. Die Duldung des Fremdlings als eines bloßen Gastes hat stets etwas Provisorisches. Ewiges Gastrecht, ewiges Gastsein gibt es nicht. Der Gast ist nach seinem Wesen ein Fremdling. Der Hausherr mag ihn im einzelnen Fall schätzen und lieben und auf seine Anwesenheit sogar den größten Wert legen, der Gast ist und bleibt aber ein fremdes Element. Hat er sich in die Gemeinschaft einmal so eingefügt und eingelebt, daß er als ein vollberechtigtes Glied und nicht mehr als ein Fremder gilt und empfunden wird, dann hat er damit eben in Wirklichkeit aufgehört, ein bloßer Gast zu sein.

So ist es in der ganzen Natur der organischen Körper. Dringt ein Fremdkörper in den Organismus, so strebt dieser, ihn entweder zu absorbieren oder wieder auszustoßen, nicht anders in der Pflanzenwelt und beim Tier als beim Menschen. Nicht anders auch bei einer Gemeinschaft belebter Wesen, einer Herde, einem Bienenvolk, einem Volk von Ameisen: Einverleibung zu vollkommener Gemeinschaft oder Ausstoßung (Tötung)!

Je niederer die menschliche Kulturstufe, desto unverfälschter herrscht auch bei den Menschen dieses Naturgesetz. Der älteste Zustand menschlichen Gemeinschaftslebens war, wie man annehmen muß, der eines feindlichen Verhältnisses zwischen den verschiedenen Gemeinschaften, so daß jede Gemeinschaft jeden Fremden als Feind behandelte. Es ist bezeichnend, daß zum Beispiel die lateinische Sprache den Gastfreund (hospes) und den Feind (hostis) mit Worten derselben Wurzel benannte. Erst allmählich und schrittweise haben Herkommen und Gesetz eine friedliche Ordnung geschaffen, die so weit Bestand hat — so weit und nicht weiter —, als ein Rechtszustand sich durchzusetzen vermag, soweit also auch eine Macht vorhanden ist, die dem Recht gewaltsam Geltung zu verschaffen imstande ist. Innerhalb der Gemeinschaft gaben religiöse, dann auch weltliche Gesetze dem Menschenleben Schutz gegen die Gefahr willkürlicher Tötung. Ein heiliges Gastrecht gab dem Fremden Schutz, der vorübergehend Aufnahme in Anspruch

4*

nahm. Bei demjenigen Fremden aber, der als Feind unterworfen, erbeutet wurde, lernte man, daß es vorteilhafter war, ihn als Sklaven arbeiten, also leben zu lassen, als ihn zu töten. Man lernte den Wert des Menschenlebens für die Gemeinschaft schätzen. Zweckmäßigkeitsgründe sind es gewesen, die damals allmählich den Sinn für dasjenige haben reifen lassen, was man heute als Humanität bezeichnet.

So entstand weiterhin mit der Zeit ein Mittelding zwischen Abstoßung und voller Einverleibung des Fremden, nämlich die Aufnahme in die eigene Gemeinschaft zu einem geminderten Recht, einem Fremdenrecht. Die Völker des Altertums, allen voran die Römer, kannten allerlei Abstufungen dieses Fremdenrechts, das aber stets nur eine Vorstufe zur völligen Einverleibung dargestellt zu haben scheint. Nicht anders ist auch das besondere Recht zu verstehen. unter dem die Juden in den abendländischen Staaten der Neuzeit vor der Emanzipation gelebt haben.

Diese Staaten waren ausgesprochen christliche Gemeinwesen. Die weltliche Gemeinschaft fiel mit der christlichen Religionsgemeinschaft untrennbar zusammen. Staat und Kirche waren derart zusammengehörig, daß ein Frevel gegen die Kirche eo ipso auch einen Frevel gegen den Staat bedeutete und von diesem als solcher geahndet wurde. Ketzerei wurde nicht nur von der Kirche verfolgt, sondern auch von dem Staat als Staatsverbrechen bestraft. Der Nichtchrist, dem es gestattet war, innerhalb eines solchen Gemeinwesens zu leben, war und blieb daher ein Gemeinschaftsfremder, solange er an seinem nichtchristlichen Glaubensbekenntnis festhielt. Jeder, der sich der staatlich anerkannten Glaubenseinheit nicht einfügte, wurde als Fremdkörper empfunden und nicht allein die Kirche, sondern auch der Staat in seinem eigenen, dem staatlichen Interesse hatte das Bestreben – gleich jedem anderen Organismus in der Natur wie im sozialen Leben – solche Fremdkörper seinem Organismus entweder restlos einzuverleiben oder aus diesem auszustoßen. Vollberechtigte Zugehörigkeit zur staatlichen Gemeinschaft setzte die Zugehörigkeit zum herrschenden Bekenntnis voraus.

Diese Unduldsamkeit des Staates richtete sich keineswegs nur gegen die Juden. Anhänger anderer christlicher Bekenntnisse als des in dem einzelnen Staat herrschenden hatten die gleichen Martyrien zu erdulden und wurden nicht weniger und mit nicht geringerer Unerbittlichkeit und Grausamkeit als die Juden vor die Wahl gestellt: Angleichung (Annahme des vorgeschriebenen Glaubens) oder Ausscheidung (Tod oder Austreibung). Der Glaubenswechsel war aber wie notwendig so auch genügend, um die im politischen Staatsinteresse verlangte Angleichung herbeizuführen. Mit ihm verschwand das sichtbare, ausschlaggebende Unterscheidungsmerkmal. Wer dieses beseitigt hatte, ging ein in den Schmelztiegel der gleichzeitig kirchlichen und staatlichen Volkseinheit und wurde ununterscheidbar in diese aufgenommen und von ihr verarbeitet, assimiliert und absorbiert.

Der energischste und konsequenteste Ausdruck des kirchlichstaatlichen Absorbierungswillens war der Grundsatz „cuius regio eius religio" und seine rücksichtslose Durchführung. Diese Staatsmaxime entsprach den Grundlagen der politischen und kulturellen Ordnung jener Zeit. Denn das religiöse Interesse war bis zur Aufklärungszeit das durchaus dominierende in der öffentlichen Kultur wie im Einzelleben der Menschen. Alles andere trat hinter ihm zurück und ordnete sich ihm unter. Religiöse Interessen waren von entscheidender Bedeutung für die Politik. Die Kreuzzüge und viele andere Kriege wurden um Religionsfragen geführt. Im Einzelleben der Menschen war ganz allgemein die Religiosität bestimmend für Lebensauffassung und Lebensführung, in einem Maß wie heute nur noch in wenigen Volksschichten. Es war daher auch ganz verständlich, sogar eine logisch notwendige Erscheinung, daß das Bestehen eines wesentlichen Religionsgegensatzes als ein entscheidender, als der entscheidende Trennungsstrich zwischen Volksgemeinschaft und Volksfremden galt. In schweren, namentlich in kriegerischen Zeitläuften wurde und wird aber das Vorhandensein von Voksfremden im Lande notwendig stets als eine Gefahr empfunden, vollends wenn diese Fremden in eigenen Sondergemeinschaften — sei es kirchlicher (Sekten) oder weltlicher Art — organisiert sind.

Diese Auffassung ist auch keineswegs eine Eigenheit nur der christlichen Staaten gewesen, sondern insbesondere auch das Judentum selbst, solange es einen Staat bildete, vertrat den Grundsatz der staatlich-religiösen Einheit und betätigte gegenüber Andersgläubigen seinen unbedingten Willen zur Absorbierung oder zur Vernichtung, dessen das ganze Alte Testament tausendfältiges Zeugnis gibt. Nicht minder ist dieser Wille bei denjenigen Völkern ausgeprägt, die dem anderen monotheistischen Religionssystem angehören, das aus dem Judentum hervorging, dem Islam. Nur bei den nicht-monotheistischen Völkern ist im großen ganzen eine größere Toleranz gegen Andersgläubige zu finden. Denn dem Monotheismus ist es nun einmal wesentlich, daß neben dem Einen keine anderen Götter bestehen können und anerkannt werden dürfen, während der Polytheismus eine Ausschließlichkeit der Anbetung im allgemeinen nicht kennt; man denke nur zum Beispiel an die Duldsamkeit der Römer, die jedem unterworfenen Volk zu gestatten pflegten, seine alten Götter auch weiter zu verehren.

IX.

Seit der französischen Revolution und unter dem Einfluß ihrer Gedanken kam es zu einem tiefgehenden Wandel der oben charakterisierten geistigen Einstellung bezüglich des Verhältnisses von Kirche und Staat. Durch die französische Revolution wurde der Staat entchristlicht und entkirchlicht. Der Staat als solcher wurde konfessionslos. Es entstand die Idee der Nation und des Nationalstaates.

Was ist eine „Nation"?

Die Definitionen sind zahlreich fast wie der Sand am Meer. Irgendwie muß die Nation aber jedenfalls eine geistige Einheit sein, nicht identisch mit der bloß tatsächlichen Bewohnerschaft eines Gebiets, auch nicht identisch mit der einfachen Zusammenfassung derer, die das politische Bürgerrecht dieses Gebiets besitzen: man denke an die deutschen Minderheiten innerhalb der durch Annexion deutschen Landes vergrößerten europäischen Staaten, vollends an den Nationalitätenhader im alten Österreich, aber auch zum Beispiel an den in Nordamerika den Weißen und den Farbigen gemeinschaftlichen Besitz des gleichen amerikanischen Staatsbürgerrechtes.

Manche finden das Wesentliche der nationalen Einheit in der Einheit der Kultur, der Sitten und der Sprache, andere in der Gesamtheit der historischen Erinnerungen, dem Besitz und der Verehrung derselben Heroengestalten — Heroen des Schwertes und Heroen des Geistes. Die einen legen das Hauptgewicht mehr auf dieses, die anderen mehr auf jenes einzelne Moment unter allen den Momenten, die hier in Betracht kommen. Kurzum die Definition des Begriffes der Nation ist so umstritten und so unsicher wie die Definition der „Kultur", die sicherlich zu den Grundlagen des nationalen Wesens gehört. Aber eines ist allen Erklärungen gemeinsam: die Nation ist eine Einheit, in der irgendwie etwas Historisches steckt. Sie hat ihre Wurzel in der Vergangenheit, in der Geschichte, in dem Werden und Wirken der Väter. In der Idee einer Gemeinsamkeit des Werdens in der Vergangenheit liegt aber die Idee der Gemeinsamkeit des Stammes, der Abstammung notwendig beschlossen: die Idee, daß die Verbundenheit bereits in der Vergangenheit bestanden hat und daß die Gegenwart auf dem Baum dieser gemeinschaftlichen Lebensgeschichte erwachsen ist.

Damit braucht keineswegs an eine Gemeinsamkeit des Blutes bis in unvordenkliche Zeiten zurück gedacht werden. Kein ernster Beurteiler dieser Fragen verkennt, daß das Blut jedes europäischen Volkes vielfältig gemischt ist. Aber alle Bestandteile mußten sich derart vermischen, daß die so entstandene Mischung als eine wirkliche Einheit empfunden wurde. Die Glieder fremder Herkunft müssen völlig von dem herrschenden Stamm assimiliert, restlos in diesem aufgegangen sein. Ein besonders interessantes und eigenartiges Beispiel hierfür bietet der Kampf des heutigen Amerika, besonders der Vereinigten Staaten, gegen das sogenannte „Bindestrich"-Amerikanertum, das heißt dagegen, daß die Eingewanderten sich noch Generationen lang in einem engen, besonderen Kulturzusammenhang mit den Völkern der alten Welt, aus denen sie stammen, verbunden fühlen. Erst seit dem Weltkrieg, in der gemeinsamen Kampfverbundenheit gegen andere Nationen, haben die Amerikaner gelernt, sich mit Bewußtsein, mit sozusagen programmatischer Entschiedenheit, als eine eigene und einheitliche Nation zu fühlen.

Ist ein Volksteil als solcher nach seiner nationalen Herkunft noch deutlich unterscheidbar von dem übrigen Volksganzen, so ist diese Unterscheidbarkeit um ihrer selbst willen ein ständiger Hinweis auf die Tatsache der Stammesverschiedenheit. Sie wirkt daher als eine stete Hemmung des nationalen Zusammengehörigkeitsgefühls, soweit dieses in der Idee der gemeinsamen Geschichte und der Stammesgleichheit wurzelt. Gewiß ist es keineswegs eine zwingende Notwendigkeit, die vaterländische Volkseinheit auf Stammesgleichheit zu basieren. Die Idee des Nationalstaates gehört ja, wenigstens für Europa, erst dem 19. Jahrhundert an; auch beherrscht diese Idee keineswegs das ganze Volk. Wichtige Volkskreise, auf der einen Seite strenge Katholiken, auf der anderen Sozialisten und Kommunisten, auch erhebliche Teile der Liberalen stehen der Idee des Nationalstaates sogar ausgesprochen feindlich gegenüber. Aber die Tatsache, daß diese Idee besteht und sogar einen beherrschenden Einfluß besitzt, ist nun einmal vorhanden. Es heißt den Kopf in den Sand stecken, wenn man dies nicht sehen und, weil man die Idee etwa für unrichtig hält, ihre Wirkungen ignorieren will. Ob der Einzelne eine Idee für richtig oder für falsch hält, tut der Tatsache, daß sie besteht, keinen Eintrag. Die Politik hat sich aber an die Tatsachen zu halten, so wie sie sind, nicht wie sie nach der Meinung dieses oder jenes sein sollten; und zu den Tatsachen gehören auch die Ideen.

Auch außerhalb Frankreichs ging die Entwicklung in der Richtung des Nationalstaates und diese Richtung blieb bestehen, ja sie verstärkte sich noch, nachdem die französische Revolution bereits überwunden war. Napoleon schloß wohl Frieden mit dem Papst und führte Staat und Kirche wieder zusammen. Aber ein christlicher Staat im alten Sinne wurde Frankreich nicht mehr, schon deshalb nicht, weil jetzt der Staat die zweifelsfreie politische Suprematie über die Kirche gewann. Ganz besonders auch in Deutschland schlug die Idee des Nationalstaates Wurzel. Weit mehr als für die französischen „Freiheits"-Ideen, deren radikale Gefolgschaft in Deutschland stets eine verhältnismäßig sehr geringe war und aus denen im deutschen Bürgertum ein im großen ganzen sehr gemäßigter Liberalismus sproßte, erwärmte sich in Deutschland namentlich die Jugend für den nationalen Gedanken. Der Gedanke der deutschen Einheit, der nationalen Gemeinschaft aller Deutschen ohne Unterschied der Territorialgrenzen und ebenso auch ohne Unterschied der Konfession, gewann mehr und mehr Einfluß auf die praktische Politik. Wenn sich die Regierungen diesem Einfluß auch auf lange hinaus erfolgreich widersetzten, so ließ er doch die alte Idee des christlichen Staates immer mehr verblassen.

Was das Judentum anbelangt, so zog in Frankreich schon Napoleon I. die Konsequenz aus der Nationalstaatsidee, indem er die Juden kurzerhand und mit uneingeschränkter Vollständigkeit (was die Demokratie der Revolutionszeit noch abgelehnt hatte) emanzipierte. Sie erhielten das volle Bürgerrecht und volle politische Gleichberechtigung, und zwar nicht nur auf dem Papier, Napoleon selbst wie seine Verwaltung und Beamtenschaft gaben dieser Gleichstellung in jeder Hinsicht, politisch wie sozial, allen Nachdruck.

In den deutschen Staaten vollzog sich, je mehr im neunzehnten Jahrhundert die Idee des christlichen Staates zurücktrat und je mehr auf der anderen Seite die Idee des Nationalstaates an Boden gewann, eine ähnliche Umstellung der Geister gegenüber der Judenfrage. Als daher das deutsche Bürgertum den Grundsatz der verfassungsmäßigen Gleichstellung aller Staatsangehörigen durchsetzte, im einen Territorium früher, im anderen später, da war auch die Gleichstellung der Juden nur noch eine Frage kurzer Zeit.

Im Nationalstaat nahm der Antisemitismus allmählich eine neue Gestalt an. Jetzt war es weniger und weniger das kirchlichreligiöse Einheitsbewußtsein des Volkes, dem das Judentum als eine innerlich auch staatsfremde Organisation erschien, als vielmehr in den nationalistisch gesinnten Kreisen des Volkes die Idee der Stammesgemeinschaft (in dem bereits erörterten Sinn), der gegenüber das Judentum als etwas Fremdes, etwas Fremdgebliebenes empfunden wurde. Nicht als ob mit dem Aufkommen der Idee des Nationalstaates, zum mindesten in Deutschland, die Religion aufgehört hätte, ein wichtiges Moment für das Bewußtsein der Volkseinheit zu sein; sie hat aus dem Grund nicht aufgehört, auch politische Bedeutung zu besitzen, weil sie nach wie vor für breite Schichten des Volkes (wenn auch nicht mehr so wie früher für das ganze Volk) die Beherrscherin des geistigen und des Gefühllebens geblieben ist. Diese Schichten empfinden nach wie vor auch den heutigen Staat als einen christlichen Staat, wiewohl der Wortlaut der Staatsgesetzgebung nichts mehr von derlei weiß. Die Kultur des deutschen Volkes ist nun einmal auf dem Boden des Christentums entstanden. Wohl sind auch andere Einflüsse wirksam gewesen, vor allem der Einfluß der Antike, den die Renaissance zur Geltung brachte. Aber die religiöse Grundlage der gesamten westeuropäischen Kultur ist das Christentum. Und weil es breiten Schichten des Volkes so ernst ist mit ihrem Christentum, konnte auch die Verschiedenheit der Bekenntnisse nicht aufhören, eine trennende Schranke von erheblicher Bedeutung zwischen verschiedenen Volksteilen zu sein und deren Einheitsgefühl zu schwächen. Der Gegensatz zwischen Katholiken und Protestanten treibt in weiten Teilen des deutschen Landes und in breiten Kreisen der Bevölkerung ganz ebenso häßliche Blüten des Hasses, der Verachtung und der Verdächtigung der Andersgläubigen wie der Antisemitismus. Man stelle sich vor, aus Pommern würden protestantische Familien etwa in altbayerisches Land ziehen — nicht in eine Großstadt oder einen Fremdenort, sondern in irgendeinen abgelegenen ländlichen Bezirk; wer würde wohl zweifeln, daß schon ein verhältnismäßig geringer Anstoß (zum Beispiel irgendeine Schädigung-

eingesessener Konkurrenten) hinreichen könnte, um den Haß der Einheimischen nicht nur gegen die zugezogenen Individuen, sondern ganz allgemein gegen die Pommern, die Preußen, die Norddeutschen überhaupt zu erregen, vollends aber um den Zugezogenen selbst das Leben zur Hölle zu machen? Und umgekehrt erginge es dem süddeutschen Katholiken schwerlich besser, der in eine der norddeutschen Hochburgen eines strengen Protestantismus verschlagen würde. Dieser Gegensatz der Bekenntnisse ist ja auch keineswegs ohne Gefahr für den politischen Einheitsgedanken im deutschen Volk. Denn die separatistischen Tendenzen, die da und dort schon hervorgetreten sind oder unter der Decke schlummern, hatten und haben zu einem großen Teil, bewußt oder unbewußt, einen starken Zusammenhang mit dem Glaubenszwiespalt, der nun einmal als Pfahl im Fleisch des deutschen Volkes steckt, so lebendig trotz des religiösen Schismas im großen ganzen das Einheitsgefühl des deutschen Volkes ist.

Im Unterschied von den Gegensätzen des christlichen Schismas verbindet sich aber mit dem Gegensatz zu den Anhängern des jüdischen Religionsbekenntnisses leicht auch jener nationalistische Gedanke an eine Verschiedenheit der Abstammung, an eine völkische Verschiedenheit, die mit der Idee des Nationalstaates nicht harmoniert.

Wie ist dieser Gedanke zu analysieren?

X.

Von nicht zu unterschätzender psychologischer Bedeutung ist wohl schon von vorneherein die biblische Überlieferung. Mögen die Geschichtskenntnisse der Volksmassen im übrigen noch so schwach sein, so war doch stets die biblische Geschichte ein eifrig gepflegter Unterrichtsgegenstand in allen, besonders in den Volksschulen. Schon mit dem Unterricht der biblischen Geschichte hat daher das ganze Volk den Gedanken in sich gesogen, daß das Judentum nicht bloß eine Religionsgemeinschaft, sondern auch eine eigene, nationale Volksgemeinschaft bedeute. Die biblische Ausdrucksweise, die das Volk der Juden stets — historisch ganz natürlich und ohne alles weitere verständlich — eben als ein „Volk" bezeichnet, blieb und bleibt bestehen wie die Worte der Bibel bestehen und haften bleiben und für alle Gläubigen ihren alten Sinn behalten. Allen, deren Gedankenwelt von der Bibel beeinflußt ist, den Juden selbst wie den Christen, sind die Juden auch heute noch ein Volk. Der Gedanke dieser eigenen völkischen Existenz ist eine Vorstellung, die in den Köpfen der Menschen nun einmal festsitzt und, mag auch der Intellekt im einzelnen Falle längst über sie hinweggegangen sein, doch zum mindesten als eine Kindheitsvorstellung im Unterbewußtsein nicht völlig verlorengegangen ist, sondern unbewußt zeitlebens mitschwingt und mitspricht. Die moderne Seelenkunde kennt diesen oft unbewußten Einfluß alter Kindheitsvorstellungen und seine nicht selten unheimlich tief einschneidende Bedeutung für das ganze Denken und Fühlen der Menschen.

Hierzu tritt die Vorstellung, daß die heute lebenden Juden auch tatsächlich als die Abkömmlinge, als geradlinige Fort-

setzung des alten jüdischen Volkes zu betrachten seien. Inwieweit sie dies in Wirklichkeit sind – die Frage ist umstritten –,
darf hier dahingestellt bleiben; hier kommt es nur auf die
Tatsache an, daß jene Vorstellung beinahe allgemein herrscht.
Sie ist verständlich; denn man weiß, daß die Zahl der Übertritte von anderen Bekenntnissen, insbesondere vom Christentum zum Judentum stets eine verhältnismäßig äußerst geringe
gewesen ist. Durch viele Jahrhunderte der jüdischen Diaspora,
besonders im Abendland, waren solche Übertritte mit den
schwersten Strafen, oft mit Lebensstrafe bedroht und kamen
daher nur ausnahmsweise vor. Wohl gab es in der Geschichte
hin und wieder Fälle, daß ganze Völkerstämme oder ganze
Religionsgemeinschaften zum Judentum übertraten. Von besonderer Bedeutung war der um das Jahr 900 n. Chr. erfolgte
Übertritt der Chazaren, eines tartarischen Volkes, das in Südrußland ein großes Gebiet (mit dem jetzigen Astrachan als
Hauptstadt) bewohnte; der Großteil der heutigen russischen
Juden, auch erhebliche Teile der übrigen sogenannten Ostjuden,
sind ihre Abkömmlinge, also tartarischen Blutes (was sehr oft
auch in ihrem äußeren Typus noch deutlich ausgeprägt ist)
und sind rassenmäßig mit den westeuropäischen Juden nicht
verwandt. Aber solche Übertritte im großen waren selten und
im übrigen auch zahlenmäßig nicht sehr gewichtig. Vor allem
aber: die Aufsaugung dieser Übergetretenen, mochten es einzelne Individuen oder geschlossene Gemeinschaften gewesen
sein, war stets eine vollständige. Das Judentum hat diese
stammesfremden Elemente stets restlos assimiliert und absorbiert. Nur der Geschichtsforscher weiß noch Bescheid über
solche Zusammenhänge. Bei der Masse des jüdischen Volkes
selbst, ebenso aber auch bei anderen Völkern, gilt die Stammesidentität des heutigen Judentums mit dem alten biblischen
Judenvolk als eine Selbstverständlichkeit.

Damit, daß diese Stammesidentität als eine mit Sicherheit

feststehende Tatsache gilt, verbindet sich der Eindruck, als ob
das jüdische Volk sich als eine abgeschlossene Einheit innerhalb
der deutschen Volksgemeinschaft auch weiterhin konserviere.
Denn infolge des Umstandes, daß eine fortgesetzte jüdische
Einwanderung aus dem Osten die durch den Fortgang der
Assimilation an das umgebende Deutschtum verursachten Ab-
gänge des deutschen Judentums immer wieder ersetzt, besteht
der Anschein — und nur auf den Anschein, nicht auch auf
dessen tatsächliche Berechtigung kommt es bei der Beurteilung
solcher volkspsychologischer Vorgänge an —, als widerstehe das
Judentum der natürlichen Angleichung an das deutsche Volk,
während doch andere fremdstämmige Elemente, beispielsweise
die Hugenotten, trotz Beibehaltung eines besonderen Religionsbekenntnisses sich vollkommen assimiliert haben und, mangels
entsprechenden Nachschubs aus ihrer früheren Heimat, im
Deutschtum untergegangen sind.

Es liegt vielleicht nahe zu glauben, jener Anschein sei mit
hervorgerufen, mindestens verstärkt durch den Eindruck der
Tatsache, daß ein erheblicher Teil der Juden im Lauf der letzten
Jahrzehnte den Gedanken an eine eigene Volkheit in sich aufgenommen hat und mit aller Glut völkischer Begeisterung dem
zionistischen Programm Gefolgschaft leistet, das auf „Schaf-
fung einer öffentlich-rechtlich gesicherten Heimstätte für diejenigen Juden, die sich an ihren jetzigen Wohnsitzen nicht
assimilieren können oder wollen", gerichtet ist. Daß diese Tatsache des Erwachens eines jüdischen Nationalbewußtseins aber
jedenfalls nicht in einer entscheidenden Weise dazu beiträgt,
daß die Juden so vielfach als ein Fremdkörper im Organismus
des Wirtsvolkes empfunden werden, ergibt sich schon von
vornherein daraus, daß der Zionismus nicht viel älter ist als
das 20. Jahrhundert, während der Antisemitismus als völkische
Bewegung, der Rassenantisemitismus, so alt ist wie das National-
bewußtsein der Wirtsvölker. In Deutschland nahm der Rassen-

antisemitismus bereits vor einem Jahrhundert seinen ersten politisch bewußten Anfang und im letzten Drittel des neunzehnten Jahrhunderts hatte er es bereits zu beträchtlichem Einfluß gebracht und war auch bereits durch eigene Abgeordnete in den Parlamenten sowohl des Deutschen Reiches als Österreichs vertreten. Die rassenantisemitische Bewegung ist somit weit älter als der Zionismus. Der Zionismus ist nicht Prämisse, sondern Folge der völkischen Betrachtungsweise der Judenfrage und verdankte sein Entstehen erst dem Umstand, daß das neunzehnte Jahrhundert ganz allgemein den Begriff der Nationalität entwickelt und den Sinn für diese geweckt und gepflegt hatte.

Dem rassenantisemitischen Ressentiment kommt übrigens nicht nur der Zionismus entgegen, dessen Anhänger ihre innere Zugehörigkeit zum Deutschtum bewußt und offen ablehnen, sondern in recht weitem Umfang auch das Verhalten liberaler Juden, die Gegner des Zionismus sind (und wohl die allermeisten liberalen Juden, zum mindesten in Deutschland, gehören zu seinen Gegnern). Denn zahlreiche liberale Juden, die sich politisch durchaus als Deutsche fühlen und die sich kulturell tatsächlich assimiliert haben und auch auf die Anerkennung dessen das größte Gewicht legen, die aber das jüdische Bekenntnis mit Beharrlichkeit festhalten und sich erkennbar nur durch dieses von dem übrigen deutschen Volk unterscheiden, lieben es, bei jeder Gelegenheit zu betonen, daß sie sich aus diesem ihrem jüdischen Glauben im Grunde gar nichts machen und daß also in religiöser Hinsicht zwischen ihnen und freigeistigen Christen eigentlich gar kein Unterschied bestehe. Was begründet dann aber noch — diese Frage drängt sich auf — ihr Festhalten am jüdischen Bekenntnis? Doch wohl etwas — so muß man schließen —, was nicht religiösen Charakters ist, etwas anderes als diese von ihnen selbst als unwesentlich betrachtete religiöse Verschiedenheit! Und was könnte dieses

andere denn sonst sein als die Besonderheit der jüdischen
Abstammung? Daß sie auf ihrer Zugehörigkeit zum Judentum beharren,
erklärt sich lediglich aus gewissen Imponderabilien rein persönlicher, namentlich familiärer Art: aus dem Gefühl der Zusammengehörigkeit mit der dem alten Glauben wenigstens zu
einem Teil noch ernsthaft anhangenden Familie und aus der
Besorgnis vor Familienzerwürfnissen und ihren Folgen; ferner
aber auch aus einem allgemeinen Gefühl historischer Verbundenheit mit einer verfolgten Gemeinschaft, das schwer
definierbar ist, aber gerade bei stolzen Naturen ausgeprägt zu
sein pflegt. Jene Anhänglichkeit an die Familie behält freilich
nur so lange und so weit ihre Festigkeit, als eben der Zusammenhang mit der Familie wirksam ist: treten die anderen Familien-
glieder aus dem Glaubensverband aus oder stirbt die Familie
aus oder erfolgt zum Beispiel infolge Auswanderung eine
Trennung, die den Ausgewanderten (oder auch nur in eine
andere Gegend Abgewanderten) aus dem Gesichtskreis seines
bisherigen Anhangs und diesen auch wiederum aus dem Gesichtskreis des Weggezogenen bringt, so pflegt auch das Bedürfnis aufzuhören, die alte Zusammengehörigkeit im Religionsbekenntnis zu wahren. Sobald der religiös Indifferente in einen
völlig neuen Lebenskreis tritt, hat er ja keinen Anlaß mehr, die
ihn störende und innerlich nicht mehr gerechtfertigte Zusammengehörigkeit mit dem Judentum länger hervorzukehren.
Was aber die rein persönliche Abneigung anbelangt, einem
Druck nachzugeben, der in häßlicher, unwürdiger Weise aus-
geübt wird, so kann beobachtet werden, daß diese Abneigung
mit dem Wegfall der Ursache, des Drucks, alsbald nachzulassen
pflegt. Gar mancher junge Mann zum Beispiel, der in der
wilhelminischen Zeit schwer unter Zurücksetzungen namentlich
im Staats- und Militärdienst innerlich litt, der aber dennoch
— nicht aus Neigung oder Überzeugung, sondern allein aus

Trotz gegenüber einem unwürdigen Druck — am Judentum festhielt, hat nach der Revolution, als jene beleidigenden Zurücksetzungen gefallen waren oder immerhin gegenstandslos geworden zu sein schienen, den Übertritt zum Christentum oder doch den Austritt aus dem Judentum vollzogen.

XI.

Schließlich, aber nicht zum wenigsten, muß zum Verständnis des völkischen Antisemitismus die psychologische Tatsache mit in Betracht gezogen werden, daß weite Kreise des deutschen Volkes von der Empfindung beherrscht sind, als bilde das Judentum auch politisch eine geschlossene und abgesonderte Einheit, die ihre eigenen, nämlich jüdische Ziele verfolge und um solcher Sonderziele willen der endgültigen Verschmelzung mit dem Deutschtum absichtlich widerstrebe.

Um diese weit verbreitete Empfindung zu verstehen, muß man sich zunächst die gesamte allgemein-politische und kulturelle Einstellung derjenigen Bevölkerungskreise vergegenwärtigen, in denen erfahrungsgemäß die Disposition zu antisemitischer Denkweise zu Hause ist.

Es sind dies die „konservativ" gerichteten Bevölkerungsteile, also diejenigen, die grundsätzlich auf dem Boden der Überlieferung stehen, am Alten hängen und die daher — die einen mehr gefühlsmäßig, aus einer gewissermaßen romantischen Neigung heraus, die anderen auf Grund nüchterner Überlegungen — die Autorität als die beste und sicherste Grundlage der politischen, sozialen, kirchlichen, überhaupt der gesamten kulturellen Ordnung erkennen. Den Gegensatz zum konservativen bildet das liberale Prinzip, das die Freiheit der Persönlichkeit, Gedankenfreiheit und Selbstbestimmungsrecht als vornehmste und unveräußerliche Menschenrechte in sich einschließt. Zu allem, was nach seiner Meinung dem Autoritätsprinzip gefährlich und daher geeignet ist, zerstörend, zersetzend auf den sozialen Körper einzuwirken, steht der Konservative mit Notwendigkeit in einem durch die Unversöhnlichkeit dieser

5*

beiden entgegengesetzten Weltanschauungen bedingten, schroffen Gegensatz. Und in dem ihm feindlichen Lager ist er nun einmal in Deutschland gewohnt, die Juden zu finden. Judentum und Liberalismus erscheinen ihm als unzertrennlich eng verkoppelt, wobei ihm die sozialistische Bewegung, soweit sie eine aufklärerische und autoritätsfeindliche Richtung hat, nur als eine Frucht und Abart des Liberalismus gilt.

In der Tat ist für die deutschen Juden in dieser Hinsicht eine gewisse Einseitigkeit der parteipolitischen Einstellung charakteristisch, die in den westeuropäischen Ländern sonst keineswegs vorhanden ist. Diese Einseitigkeit, deren Verständnis zur Beurteilung des deutschen Antisemitismus nicht entbehrt werden kann, erklärt sich folgerichtig aus der historischen Entwicklung des deutschen Parteiwesens.

Zu der Zeit, als die Juden in die innerpolitischen Kämpfe Deutschlands eintraten, also vom Beginn des neunzehnten Jahrhunderts an, als die Völker Europas gegen den Absolutismus sich aufzulehnen begannen und selbständig, zunächst nur tastend, dann immer radikaler ihre Geschicke in die Hand zu nehmen trachteten, war den Juden ihre parteipolitische Stellung dadurch vorgezeichnet, daß für sie die wichtigste politische Frage naturgemäß die ihrer bürgerlichen Gleichstellung, ihrer Anerkennung als vollwertige Staatsbürger war. Neben dieser Grund- und Hauptfrage trat an politischer Wichtigkeit alles andere zunächst in den Hintergrund für sie. Jene Gleichstellung aber war ein Postulat, das zu dem Programm der „Aufklärung" gehörte, und den Parteien, die diesem Programm anhingen, mußten sich somit ohne weiteres die Sympathien der Juden zuwenden. Der Liberalismus war es, der ihnen die staatsrechtliche Gleichstellung versprach und dessen Anhänger ihnen mehr und mehr auch die persönliche, gesellschaftliche Gleichstellung einräumten.

Umgekehrt verhielten sich die konservativ gerichteten Kreise

im allgemeinen judenfeindlich und je mehr das Judentum und
seine Freunde politisch an Macht und Einfluß gewannen, desto
sicherer führten Mißtrauen und Abneigung im konservativen
Lager zur offenen Gegnerschaft, das heißt zum politischen
Antisemitismus.

Standen also die Konservativen von Haus aus in grundsätz-
licher Kampfstellung dem Ringen der Juden um die bürgerliche
Gleichberechtigung gegenüber, so sahen diese umgekehrt in den
Liberalen ihre Freunde und Kampfgenossen, bei denen sie die
politische Unterstützung ihrer Interessen und Wünsche und
gleichzeitig auch eine persönlich wohltuende Anerkennung ihrer
sozialen Gleichwertigkeit fanden. Waren es auch schließlich
vielfach konservative, nicht liberale Staatsmänner, die der
Emanzipation zum Sieg verhalfen und die Gesetze schufen,
in denen diese festgelegt wurde, so war das Bild der Entwicklung
für die Augen der Juden im allgemeinen doch das, daß diese
Erfolge der liberalen Bewegung verdankt und nur von dieser
den konservativen Regierungen abgerungen waren. Das Fundament der Emanzipation war der liberale Gedanke, ihr
Halt gegen widrige Stürme der Politik war die Kraft dieses
Gedankens im öffentlichen Leben. Die Liberalen waren die
natürlichen Freunde der Juden in ihrem Kampf um die Gleichberechtigung und sie ernteten mit Recht die Dankbarkeit der
Juden für das endlich Erreichte.

So war es eine politische Selbstverständlichkeit, daß sich die
Juden zu den liberalen Parteien hielten. Und ebenso selbstverständlich war es, daß diese Verbindung noch weiter bestehen
blieb, auch nachdem das ursprüngliche Ziel, um dessentwillen
die Juden diese Verbindung eingegangen waren, nämlich die
Emanzipation, erreicht war. Das Gesetz der Beharrung ist
auch in den Parteigruppierungen mächtig. Wichtiger als klare
individuelle Überlegung ist für die Wahl einer Parteizugehörig-
keit meistens das Vorhandensein persönlicher und sozialer Be-

ziehungen zu dieser Partei. Sind feste Beziehungen einmal
gegeben, für eine Person, für eine Familie, für einen bestimmten
gesellschaftlichen Kreis, so erfordert es für denjenigen, der diese
Beziehungen lösen und es auf sich nehmen will, durch Übergang
in ein bisher feindliches Lager mit den alten Kreisen zu brechen,
einen Grad von selbständigem Denken und von Entschlußkraft,
der das durchschnittliche Maß übersteigt. Für denjenigen, der
einem gegebenen Kreise angehört, gehört oft nicht wenig „Zivil-
kurage" dazu, sich als „Überläufer" verschreien zu lassen.

Vor allem aber wird die Anhänglichkeit der Juden an die
linksstehenden Parteien durch d e n Umstand auch weiterhin
aufrecht erhalten, daß der Kampf um die Gleichberechtigung
in der Gegenwart noch keineswegs als abgeschlossen erscheint.
Die Juden haben das Gefühl, daß ihre Gleichberechtigung im
Deutschen Reich, trotzdem sie nun so lange schon besteht und
gesetzliche Geltung besitzt, doch noch dauernd gefährdet sei
und fortgesetzt von ihnen neu erworben werben müsse — dies
weniger in dem Sinn, daß auf gesetzgeberischem Wege eine
Rückgängigmachung der Emanzipation, wäre es auch nur teilweise, ernstlich zu besorgen wäre, als vielmehr in dem Sinn, daß
die Gleichberechtigung in der Verwaltungspraxis noch sehr vielfach nur auf dem Papier steht und daß es nur allzu leicht fällt,
sie durch die Art der Handhabung der Gesetze praktisch un-
wirksam zu machen.

Die Presse der linksstehenden Parteien ist klug genug, sich
die Kenntnis dieser psychologischen Einstellung zunutze zu
machen und nach Möglichkeit dem Rechnung zu tragen, was
von dem jüdischen Publikum gern gelesen wird. Sie ist unab-
lässig darauf bedacht, Äußerungen des Antisemitismus aufzu-
greifen und zu bekämpfen und so bei den jüdischen Lesern das
Gefühl zu festigen, bei ihr und den ihr nahestehenden Parteien
und n u r bei diesen ernstlich Sympathie und Schutz gegen
den Antisemitismus zu finden. Wichtig sind in dieser

Hinsicht auch solche Blätter, die, ohne sich einer bestimmten politischen Partei offiziell zuzuzählen, lediglich der Bekämpfung des Antisemitismus — als Selbstzweck — dienen wollen und daher fast ausschließlich einen jüdischen Leserkreis besitzen. In diesen Blättern, die so viel Material an antisemitischen Vorkommnissen als ihr Raum gestattet zusammentragen, pflegt der ganze Stoff so behandelt zu werden, als sei antisemitisch und „reaktionär" (das heißt im Sinne dieser Blätter eben „konservativ") eines und dasselbe. In dem kritiklosen Leser — und der jüdische Durchschnittsleser nimmt das, was ihm „seine" Zeitung bringt, um nichts weniger kritiklos auf wie der nichtjüdische — wird so die Vorstellung erweckt und lebendig erhalten, daß es die Sache des Judentums verlange, durch dick und dünn mit den Linksparteien gegen die „Reaktion" zu kämpfen.

Unter dem Eindruck der Befürchtung, die Gleichberechtigung gefährdet zu sehen, und in der Überzeugung, den Kampf um diese mit unverminderten Kräften fortsetzen zu müssen, herrscht bei den deutschen Juden eine Mentalität, die sie mehr oder weniger alles innerpolitische Geschehen unwillkürlich unter dem Gesichtswinkel der Judenfrage beurteilen läßt. Und da sie nur bei den linksstehenden Parteien einen tatkräftigen Schutz für ihre Gleichberechtigung zu besitzen glauben, so sind sie geneigt, sich diesen Parteien anzuschließen und ihren Fahnen zu folgen, ohne dabei viel zu überlegen, ob sie im übrigen mit den politischen, kulturellen und wirtschaftlichen Ansichten, die von diesen Parteien vertreten werden, wirklich übereinstimmen oder nicht.

Diese geistige Einstellung ist derjenigen nahe verwandt, die das Zentrum zusammenhält. Im Zentrum sind politisch sehr verschiedene, wirtschaftlich sogar durchaus heterogene Bestandteile vereinigt, die alle aber diese materiellen Interessen in die zweite Linie stellen hinter dem überragenden Interesse an der

katholischen Sache, deren Schutz die innerpolitische Haupt-
sorge des Zentrums bildet. Auch das Zentrum wird zusammen-
gehalten durch den Gedanken, daß diese Schutzbedürftigkeit,
die in der Zeit des Kulturkampfes das Zentrum zusammen-
geschweißt hatte, nach wie vor besteht. Es ist bei den Juden
in dieser Hinsicht wie bei den Katholiken: das ideale Moment,
der Kampf um die Gleichberechtigung, das heißt um Anerkennung der Gleichwertigkeit — gleichviel ob und in welchem
Grad deren Gefährdung wirklich oder nur vermeintlich besteht —
überschattet die materiell-politischen Interessen. Und ebenso
wie die Katholiken dann, wenn katholische Belange im Vordergrund des politischen Kampfes stehen, je nachdem eher mit
der Sozialdemokratie paktieren, von denen sie ein Abgrund
trennt, die sich aber wiederholt als zuverlässige Bundesgenossen
gegenüber kulturkämpferischen Bestrebungen bewährt haben —
ebenso pflegen auch weite Kreise unter den Juden sich eher mit
der Sozialdemokratie zu verbünden als mit der bürgerlichen
Rechten, mögen sie auch nach ihren politischen und wirtschaftlichen Interessen den Konservativen weit näher stehen als den
Sozialdemokraten. Man mag diese Gruppierung politisch beurteilen wie man will — dem persönlichen Charakter derer, die
sich so verhalten, macht es jedenfalls nur Ehre, wenn sie ihre
materiell-politischen Interessen dergestalt zurückstellen hinter
den Kampf für ideale Werte.

In anderen Staaten, wo die Emanzipation nicht mehr bedroht
ist (ganz besonders in England), steht das jüdische Bürgertum
zum großen Teil im konservativen Lager. In Deutschland dagegen, wo die Juden unter dem steten Eindruck einer solchen
Bedrohung leben, ist ihr Gefühl der Zusammengehörigkeit mit
der politischen Linken naturgemäß ein sehr intensives geworden
und je mehr jener Druck empfunden wurde, desto mehr verbreitete und verstärkte sich auch die Tendenz zu einer immer
radikaleren Einstellung.

Daß dann innerhalb der Parteien der Linken die Juden zu einem Einfluß emporgestiegen sind, der tatsächlich außer Verhältnis zu ihrer ziffermäßigen Stärke steht, ist leicht zu erklären. Die Beobachtung lehrt, daß ihr politisches Interesse durchschnittlich lebhafter entwickelt ist als das durchschnittliche der Nichtjuden. Das ist ganz natürlich. Denn die Juden kämpfen in gewissem Sinne um mehr als die andern. Zu denjenigen Interessen, für die auch alle andern kämpfen, tritt bei ihnen eben noch jenes weitere hinzu, das gerade ein Interesse von ganz besonderer Stärke ist, nämlich das des Kampfes um die Gleichberechtigung, um Gleichachtung nicht nur auf dem Papier, sondern auch in der Wirklichkeit. Es ist daher nicht erstaunlich, daß die jüdischen Mitglieder der linksstehenden Parteien sich im allgemeinen durch verhältnismäßig rege Teilnahme an dem Parteileben hervortun und schon in dieser Aktivität als solcher liegt die Gewähr auch eines gewissen Einflusses auf die Gestaltung des Parteilebens.

Diese politische Regsamkeit und dieser Einfluß der jüdischen Elemente bei den Linksparteien wurde aber notwendig auch der Öffentlichkeit sichtbar. So konnte es auch nicht ausbleiben, daß die jüdischen Mitglieder insbesondere der Revolutionsparteien eine so verhängnisvoll — am unheilvollsten für die Interessen des Judentums selbst — in die Augen springende Rolle während der Revolution gespielt haben. Der Haß der konservativen Volksteile gegen diejenigen, die die alte Verfassung zerschlagen hatten, wandte sich daher ganz begreiflicherweise mit besonderer Wut gegen die Juden, die in so großer Zahl auf die Seite der Revolution getreten waren und sich führend in ihr bemerkbar machten.

Es ist nach alledem leicht verständlich, wenn es einer oberflächlichen Betrachtungsweise so erscheinen kann, als wäre der Jude schon von Haus aus irgendwie besonders disponiert für eine Verbindung mit den politisch linksstehenden Parteien. Wohl mag von einer gewissen Disposition für den demokratischen Gedanken gesprochen werden, sofern dieser eben die Forderung nach Rechtsgleichheit gegenüber der Gemeinschaft in sich schließt. Aber der demokratische Gedanke verträgt sich durchaus auch mit einer konservativen Einstellung zu den politischen und kulturellen Fragen; man denke an die Zentrumspartei, deren streng konservative Gesinnung sich mit dem alten demokratischen Geist verbindet, der insbesondere im Süden und Westen Deutschlands in den katholischen Teilen des Volkes lebendig ist. Nach der diesen Kreisen geläufigen Auffassung des Begriffs der Demokratie[1]) gehören demokratischer und konservativer Geist sogar notwendig zusammen. Mag man diese Auffassung teilen oder nicht, jedenfalls aber ist nichts verkehrter als zu glauben, das Judentum habe heute als solches noch ein besonderes Interesse an dem politischen, wirtschaftlichen und kulturellen Programm auch des Liberalismus.

Wären nicht so viele Versuche gemacht worden, einen inneren Zusammenhang zwischen jüdischem Wesen und den Doktrinen speziell des wirtschaftlichen Liberalismus zu konstruieren, so wäre es nicht nötig, hierüber ein Wort zu verlieren. Schon der Hinweis auf den Umstand, daß auch die Sozialdemokratie und der Kommunismus über eine bedeutende jüdische Parteigängerschaft verfügen, müßte für jeden Unbefangenen genügen, um die doch wohl ziemlich selbstverständliche Tatsache zu beleuchten, daß die Juden als Wirtschaftssubjekte so verschiedene wirtschaftliche Interessen haben, wie eben die Interessen der Wirtschaftsgruppen verschieden sind, denen sie angehören. Es gibt jüdische Schutzzöllner und Freihändler, jüdische Sozialisten und jüdische Vertreter größtmöglicher Freiheit des Privatkapitals, genau wie es jüdische Proletarier und jüdische Kapitalisten, jüdische Arbeitgeber und jüdische

---

[1]) Vgl. Herman Hefele, „Demokratie und Liberalismus" in der Zeitschrift „Hochland", 1924/25, Seite 34 ff.

Arbeitnehmer, jüdische Interessenten der Schwerindustrie und der Exportindustrie und so weiter gibt. Weist man gerne darauf hin, daß die Juden in besonderem Maße mit geschäftlichem Sinn begabt seien, so sollte man schon um deswillen einsehen, daß es rein unmöglich sein muß, sie unter den Hut eines und desselben wirtschaftlichen Programms zu bringen.

Auch mit den liberalen Prinzipien der Kulturpolitik hat das Judentum als solches nicht das mindeste zu tun. Der fromme Jude steht der vielfachen Neigung des Liberalismus für religiöse ,,Aufklärung`` und allen ihren Konsequenzen mit nicht geringerem Abscheu gegenüber als der fromme Christ; hierauf in erster Linie beruht die Tatsache, daß fromme Juden (namentlich auf dem Land, wo sich jüdische Frömmigkeit wie nicht anders auch das fromme Christentum erklärlicherweise leichter erhält als in den großen Städten) gerne der Zentrumspartei Gefolgschaft leisten. Insbesondere auch mit der Stellung des Liberalismus gegenüber den Fragen der sittlichen Kultur hat das Judentum als solches nichts zu schaffen. Der deutsche Liberalismus, dem weit mehr als demjenigen anderer Länder, zum Beispiel Englands, ein gewisser Doktrinarismus anhaftet, glaubt es seinen Prinzipien der persönlichen Freiheit schuldig zu sein, auch auf dem sittlichen Gebiet für möglichste Schrankenlosigkeit des Individuums einzutreten. Der deutsche Kleinbürger oder Industriearbeiter, der es politisch mit den Linksparteien hält, fühlt sich daher gewissermaßen von Partei wegen geistig verpflichtet, in der Öffentlichkeit — aus Angst, der ,,Rückständigkeit`` gegenüber einer ,,modernen`` Richtung geziehen zu werden — mit einem Libertinismus zu kokettieren, der seinem Sittlichkeitsempfinden in Wahrheit ganz fremd ist und für den er ·sich in seinen vier Wänden schönstens bedankt.

Wie alles, was der Liberalismus propagiert, haben die ihm Gefolgschaft leistenden Juden aber auch dieses Übermaß von

Freiheitsverlangen mitgemacht, so „altmodisch" gerade innerhalb der jüdischen und vollends der frommen Familien auf gute
Sitte gehalten zu werden pflegt. Ähnliches ist übrigens auch
in den in Betracht kommenden Kreisen des Protestantismus zu
beobachten, wenn auch nicht im gleichen Maße; es waren protestantische Stimmen, die erst vor wenigen Jahren darüber
klagten, daß insbesondere der Kampf gegen öffentlichen
Schmutz in Wort und Bild den Katholiken fast allein überlassen
blieb, während die kultivierten Elemente des Protestantismus
— dies gilt aber ganz ebenso für das Judentum — sich im
Hintergrund hielten. Es scheint nun freilich ein deutlicher
Umschwung auf diesem Gebiet begonnen zu haben, seitdem
(wohl auch in einem gewissen ursächlichen Zusammenhang
damit, daß) die Linksparteien sich nicht mehr in grundsätz-
licher Oppositionsstellung gegenüber der Regierung befanden,
sondern selbst die Regierung bildeten: im August 1925 wurde
von einer solchen Regierung dem Reichstag ein Gesetzentwurf
„zur Bewahrung der Jugend vor Schund- und Schmutzschriften"
vorgelegt, der im wesentlichen auf ganz das Gleiche hinauslief,
in gewisser Hinsicht sogar noch weiter ging als jene lex Heinze
aus dem Jahr 1900, die damals von denselben Linksparteien
als Ausgeburt des reaktionärsten Obskurantismus mit einer
Maßlosigkeit ohnegleichen bekämpft und dann auch zu Fall
gebracht wurde. Während beinahe der ganzen eineinhalb-
jährigen Beratungsdauer des neuen Gesetzes war jedoch von
der alten „Entrüstung" über eine solche Tendenz in der Öffentlichkeit nicht das geringste mehr zu bemerken — erst in zwölfter
Stunde begannen die Gegner Lärm zu schlagen, fanden aber
nur ein recht bescheidenes Echo. Und ein linksliberaler Minister
ist es gewesen, der schließlich das Gesetz durchgebracht hat.

XII.

Es gibt keine schlechte Eigenschaft, die den Juden von ihren Feinden nicht zugeschrieben würde. Demgegenüber erschöpfen sich jüdische Verteidigungsschriften in dem Nachweis, daß diese üble Beurteilung der Berechtigung entbehre, daß die Juden nicht schlechter seien als die anderen Menschen und daß es überhaupt ein bloßes Zerrbild sei, das der Antisemitismus von ihnen entwirft; die meisten Juden können es sich gar nicht anders vorstellen, als daß aller Antisemitismus nur auf bewußtem Lügenwerk beruhe und nichts als die Ausgeburt sittlicher oder geistiger Minderwertigkeit sei.

Diese Beweisführungen der jüdischen Seite, mögen sie für den vorurteilslosen Leser noch so zwingend und beweiskräftig sein, haben wenig praktischen Wert. Selbstverständlich ist es ethisch notwendig, sich gegen falsche Anschuldigungen jeder Art zur Wehr zu setzen, unrichtige und irreführende Nachrichten zu widerlegen, das heißt, die angegriffene Ehre zu verteidigen, auch wenn man nur wenig Erfolg erhoffen kann. Aber es ist Tatsache und die Juden wissen es nachgerade selbst am besten, daß der Antisemitismus trotz alledem blüht und gedeiht und daß die Reinwaschungen der Juden von den gegen sie erhobenen Vorwürfen gerade im Lager derjenigen, die diese Vorwürfe erheben und die man eines Besseren belehren möchte, im großen ganzen wirkungslos verpuffen. Den Veröffentlichungen solcher Art kommt praktisch kaum eine weitere Bedeutung zu als die, daß sie den Juden selbst als Erbauungs- und Begeisterungslektüre dienen.

Wie erklärt sich diese Erfolglosigkeit, zu der die jüdische Verteidigung offensichtlich verurteilt ist?

Betrachten wir das nächstliegende Beispiel, das alle Deutschen ohne Unterschied des Bekenntnisses und der Abstammung aus eigenster Erfahrung seit dem Weltkriege kennen: den Deutschenhaß, den der Krieg in den Feindesländern auflodern ließ und unter dem die Deutschen auch nach dem Kriegsende bis in die jüngste Vergangenheit in fast aller Welt zu leiden hatten! Welche Bekundung der Mißachtung und der Verachtung, auch in rein persönlicher Hinsicht, ist den Deutschen erspart geblieben? Ihre Kultur sei minderwertig. Die Leistungen ihrer Gelehrten und Künstler seien wertlos oder seien Diebstahl an älteren und besseren Leistungen und Gedanken anderer Völker. Die Soldaten feige. Das ganze Volk von gemeinstem Charakter. Zu nichts Gutem fähig, wohl aber zu jedweder Schlechtigkeit.

Man braucht nur an die Stelle des Judentums in antisemitischen Schmähschriften das Wort „Deutschtum" setzen und man kann glauben, die Übersetzung eines deutschfeindlichen Machwerks aus englischer oder französischer Feder zu lesen. Und umgekehrt braucht man in englischen nnd französischen Pamphleten der Kriegs- und Nachkriegszeit nur den „Deutschen" durch den „Juden" ersetzen und niemand wird etwas entdecken, was zu einer antisemitischen Schmähschrift über die Juden und ihren Charakter fehlen würde. Nicht einmal die Blutmärchen fehlen zur Analogie. Vollkommen ernste und gebildete Leute im ganzen damals feindlichen Ausland waren während des Krieges und sind sogar noch heutigen Tages fest überzeugt, daß die Deutschen mit Vorliebe das Abschlachten von Kindern betrieben, wenn sie sich solcher in Feindesland bemächtigen konnten. Und so weiter und so weiter. Den Christengemeinden zu Neros Zeiten erging es freilich nicht besser. Im Altertum und bis in die Neuzeit hat der Volkshaß, wenn er einmal entfacht war, stets und überall gleiche Blüten getrieben.

Vergebens suchte sich Deutschland gegen alle die ebenso

ungeheuerlichen wie unsinnigen Verleumdungen zu wehren.
Aller Widerspruch, mochte er Beweise wie immer beibringen,
verhallte ungehört. Alle Schriften, die die Unrichtigkeit der
Anschuldigungen dartun, blieben unbeachtet von denen, für
die sie bestimmt waren; sie wurden als von vorneherein unwahr
eher mit einem Gefühl des Ekels ob der heuchlerischen Schön-
färberei zur Seite gelegt. Der Haß machte blind und taub
gegen alle Versuche des gehaßten Volkes, sich reinzuwaschen.
Jeder einzelne Deutsche mußte leiden unter diesem Haß und
diesem Vorurteil, mit dem die andern dem deutschen Volk in
seiner Gesamtheit und um der dieser Gesamtheit zugeschrie-
benen Eigenschaften und Handlungen willen gegenüberstanden.
Und genau wie der Antisemitismus die Hand des Judentums
in allem widrigen Geschehen der ganzen Welt zu spüren glaubt,
ganz ebenso gibt es im Ausland, ganz besonders wie bekannt
in Frankreich, Leute, die die Fäden deutscher Intrigen
wittern wollen, wo immer feindliche Einflüsse wahrnehmbar
werden. Mit gleicher Verständnislosigkeit stehen der Deutsche
und der Jude den Verfolgungswahnideen gegenüber, die eine
Macht bei ihm voraussetzen, von der niemand besser als er
selbst weiß, daß sie nicht besteht.

Die Sache ist eben die, daß der Haß gegen die Deutschen
und die Verachtung, mit der man sie behandelte, nicht etwa
die Folge davon war, daß man ihnen all das Üble zutraute,
was man ihnen nachsagte; sondern das Verhältnis von Ursache
und Wirkung war genau das umgekehrte: weil man die Deutschen als Feinde haßte, deshalb hielt man sie jeder Schlechtigkeit für fähig und gewöhnte man sich, auch nur Schlechtes über
sie zu glauben.

Vor dem Krieg war der Deutsche überall, wenn auch nicht
beliebt, so doch geachtet, sogar sehr hoch geachtet und seine
guten Eigenschaften, seine Verdienste auf allen möglichen Gebieten der Kultur waren in hohem Maße anerkannt. Erst mit

der Kriegserklärung, erst als die Deutschen den andern Völkern als F e i n d e gezeigt wurden und gegenübertraten, verkehrte sich die Anerkennung in Mißachtung, verwandelte sich alles Lob in Schmähungen, in denen sich alle Welt, die Gebildeten mit nicht geringerer Überzeugung als die große Menge, erging. Zuerst war die Feindschaft da und dann erst fand man heraus, welcher Ausbund hassenswerter Eigenschaften der Feind sei. Die Führer des Volkes, die Fabrikanten der Volksmeinung, gaben den Ton an, sorgten auch für die nötige Ausschmückung, und willig sog die Masse alles ein, was sich nur Schlechtes über die Feinde sagen ließ. Erst seitdem die politische Feindschaft, die Empfindung eines unversöhnlichen Interessengegensatzes nachgelassen hat, verblaßt auch wieder dieses Zerrbild. Mehr und mehr knüpften sich wieder die Fäden persönlicher und geschäftlicher Beziehungen, und man gewöhnte sich, mit den Deutschen wieder so zu verkehren, wie man — bei aller persönlichen Zurückhaltung in vielen Fällen — doch eben nur mit jemandem verkehren kann, den man immerhin als eine ehrenhafte Persönlichkeit respektiert.

Die Meinung der Deutschen über ihre Feinde entwickelte sich ganz analog. Zuerst wurde ein wild lodernder Haß gegen die Engländer entfacht und nur gegen diese. Nur mit Verachtung sprach man alsbald von ihrer doch früher und wiederum seither auch in Deutschland sehr hoch geschätzten Kultur. Fast jeder fand mit Überzeugung, daß er die Engländer eigentlich nie gemocht habe, und daß sie ein Volk von lauter Heuchlern seien, denen in Wahrheit alles Schlechte anhafte, was sich denken läßt. Und heute? Baralong, Raub des Privateigentums, Hungerblockade nach dem Waffenstillstand — alles was jene Überzeugung noch steigerte, ist so gut wie vergessen, und man strebt nur noch nach Wiederherstellung freundlicher Beziehungen, die, will man sich nicht selbst der Heuchelei bezichtigen, völlig ausgeschlossen und undenkbar sein müßten, wenn jene Überzeugung noch bestünde. Die Engländer während des Krieges waren gewiß keine anderen als sie vor dem Krieg gewesen waren, die Engländer von heute sind keine anderen als die der Kriegszeit — aber die Beurteilung ihrers Charakters hat sich verändert, als sich politische Freundschaft in Feindschaft gewandelt hatte, und abermals, seitdem diese letztere wieder geschwunden ist.

Objektive Widerlegung unrichtiger Meinungen über andere Menschen — im Völker- wie im Privatleben — pflegt nicht viel, vollends nicht auf die Dauer zu helfen gegen die durch einen akuten Gegensatz der Interessen wachgerufene Empfindung der Antipathie und des Hasses, die ihre nähere Begründung erst hinterher sucht, dann aber stets auch findet. So berufen sich die Juden auf ihr Mitverdienst an Vielem und Großem, was das deutsche Volk an inneren und äußeren Gütern sich erworben hat, auf ihre tätige und erfolgreiche Mitarbeit an den Errungenschaften der deutschen Kultur. Vergebens. Wenn dieses Mitverdienst auch um noch so viel größer wäre als es tatsächlich ist, so würde es ihnen dennoch weder Anerkennung noch gar Dankbarkeit sichern. Mögen die Gelehrten feststellen, welche fremden Einflüsse auf die Kultur eines Volkes in allen ihren Zweigen eingewirkt haben und woran und inwieweit diese fremden Einflüsse erkennbar sind! Das Volk selbst, sofern es sich überhaupt als ein selbständiges Volk fühlt, nimmt seine Kultur als seine eigene Schöpfung hin und will von fremden Einflüssen gar nichts wissen. Was ein Volk besitzt, will es als sein eigenes Werk besitzen und nur sich selbst zu verdanken haben. Auch wenn es fremden Einflüssen noch so leicht zugänglich ist und ihnen noch so gerne und bereitwillig Zugang gewährt, wie dies gerade bei dem deutschen Volk stets der Fall war, so verarbeitet es das, was es von dem Ausland annimmt, doch so, als wäre es Eigengut und vergißt dessen Herkunft. Auch die Deutschen selbst haben während des Krieges ihren Feinden gegenüber nicht unterlassen, fortgesetzt an das zu erinnern, was die Kultur der Feindesstaaten deutschem Einfluß, vor allem deutscher Kunst und Wissenschaft verdankt, und man hatte in Deutschland die Naivität, es als Undank zu empfinden und zu brandmarken, daß das Ausland diesen Einfluß bestritt und für den deutschen Appell nur Hohngelächter übrig hatte. Nicht einmal in englischen Kolonien, an deren Entwicklung deutsche Einwanderer bis in die jüngste Zeit unmittelbar und mit sichtbarem Erfolg mitgearbeitet hatten, auch nicht in den Vereinigten Staaten von Nordamerika mit ihrem so starken deutschen Einschlag dachte man daran, die mit Händen zu greifenden und schon heute wieder bereitwillig anerkannten Ansprüche der Deutschen als Kulturträger zuzugeben; sondern man behandelte die Deutschen nicht anders, als seien sie giftiges Gewürm und als könne man sich nur freuen, sie dank dem Krieg nun los zu sein.

Nicht einmal die sinnenfälligste und opfervollste Mitwirkung an den Taten eines anderen Volkes, nämlich die kriegerische Unterstützung hat jemals echte Dankbarkeit erzeugt, die auch nur dem ersten Interessengegensatz standgehalten hätte. Im Gegenteil ist es stets eher ein Gefühl der Erbitterung gewesen, das im Inneren eines Volkes nagte, wenn es die Ehre seiner Siege mit anderen teilen sollte. Niemals haben Kriegsdienste, auch wenn sie nicht um der Bezahlung willen oder aus bloßer Abenteuerlust, sondern wenn sie aus echter Begeisterung für ein fremdes Volk geleistet wurden, auf länger hinaus das Gefühl der Waffenbrüderschaft bei dem unterstützten Volk erzeugt als auf so lange, wie dieses die fremden Krieger oder doch ihre Sympathien eben brauchen konnte. Man denke nicht nur etwa an die französischen und spanischen Fremdenlegionäre der Neuzeit (um ältere Zeiten ganz zu übergehen), sondern auch an die begeisterten Freiwilligen, die zum Beispiel im amerikanischen Unabhängigkeitskrieg und im Sezessionskrieg als Ausländer mit-

fochten oder die einst für Polens oder Griechenlands Befreiung
schwärmten und bluteten — bestenfalls ein Lächeln über die
Weltfremdheit des Fragenden würde auf einen Appell an die
Dankbarkeit für solche Dienste bereits nach recht kurzer Zeit
geantwortet haben. Gerade die Deutschen haben mehrfach
im Verlauf der letzten Jahrzehnte recht unangenehme
Gelegenheit gehabt, solche „Undankbarkeit" für politische
Hilfe am eigenen Leib zu erfahren.

In ganz der gleichen Illusion sind aber auch diejenigen Juden
befangen, die gegen den Antisemitismus etwas Gewichtiges vor-
zubringen glauben, wenn sie darauf verweisen, daß auch sie
oder ihre Söhne für das deutsche Vaterland gekämpft und ge-
blutet haben. Dort, wo in Deutschland das Gefühl der Ver-
schmolzenheit, einer wirklichen Volkseinheit mit den Juden
nun einmal fehlt, dort fehlt eben auch der Sinn für die Würdi-
gung jener Opfer und er würde selbst dann fehlen — genau wie
bei jedem anderen Volk und gegenüber jedem anderen Volk—,
wenn kein einziger Jude nur auf Grund der Dienstpflicht,
sondern wenn alle miteinander ausschließlich als Kriegsfrei-
willige ins Feld gezogen wären und an der Front gekämpft
hätten.

Seit dem Weltkrieg steht es aber in dieser Hinsicht ganz besonders schlimm für die Juden in Deutschland.

Zuerst, beim Beginn des großen Krieges hatte die Kriegs- und
Siegesbegeisterung einigend auf alle Teile des deutschen Volkes
gewirkt. Nicht nur der Kaiser wollte keine Parteien mehr
kennen. Auch das Volk setzte beiseite, was es im Inneren
trennte. Selbst das sozialistische Proletariat, das wenige Wochen
vor dem Kriegsausbruch und ohne Ahnung, daß ein solcher
bevorstand, zu drohenden Demonstrationen gegen den Thron
und für die Internationale auf die Straße gezogen war, vergaß
in einem Nu sein revolutionäres und pazifistisches Programm

und drängte sich mitsamt einem Teil seiner Führer — der jüdische Sozialistenführer Ludwig Frank als Kriegsfreiwilliger mit gutem Beispiel an der Spitze — zu den Fahnen des Kaisers. Und bei den jüdischen Reserveoffiziers-Aspiranten war ihr Religionsbekenntnis mit einem Mal kein Hindernis der Beförderung mehr.

Aber je länger der Krieg dauerte und je schwieriger er sich gestaltete, desto mehr gewann der Hader der Parteien in Deutschland wieder Raum. Es ging, wie es stets zu gehen pflegt, wenn eine Sache schief steht: man macht sich gegenseitig Vorwürfe, wer daran schuld sei, und wenn zudem die Meinung über das, was nun geschehen soll, auseinandergehen, so wird der Kampf dieser Meinungen um so gehässiger und bösartiger, je mehr auf dem Spiele steht.

Mehr und mehr verlor sich nun in den breitesten Volksschichten die Kriegsbegeisterung der ersten Jahre, teils aus Pessimismus über die Aussichten einer Fortsetzung des Krieges, teils weil sich pazifistische Gedankengänge, die zurückgedrängt worden waren, wieder verstärkten. In der Erbitterung der Kämpfe um die Friedensresolution des Reichstags von 1917, bei ihrem Zustandekommen und erst recht bei der nachfolgenden Kritik spiegelte sich die Spannung wider, die sich aus dieser Divergenz der Einstellung zur Fortführung des Krieges ergab. Dabei handelte es sich gar nicht so sehr um das Ziel. Einen ehrenvollen Frieden wollte man hüben wie drüben. Es handelte sich um die Frage, welcher Weg mehr Aussichten bot, ein solches Ziel zu erreichen: ob ein vertrauensvolles Weiterkämpfen oder ob ein Nachgeben, um weitere Opfer zu vermeiden und der Möglichkeit eines Niederbruchs vorzubeugen. Der Gegensatz deckte sich im großen ganzen so ungefähr mit dem Gegensatz von Rechts und Links unter den Parteien. Dieses Zusammentreffen mag sonderbar und verwunderlich erscheinen, da es sich doch offensichtlich mehr um einen Unterschied des Tempera-

ments handelt, wenn der eine die Aussichten des Kriegsglücks
so und der andere anders beurteilt und wenn der eine mehr zum
Draugfehen und der andere mehr zur Vorsicht und Nach-
giebigkeit neigt. Draufgänger und Vorsichtige, Optimisten und
Pessimisten gibt es in allen Lagern und es wird sich kaum be-
haupten lassen, daß von den vier Temperamenten sich das eine
besonders diesem, das andere lieber jenem Parteiprogramm
zuwende. Wichtig war aber, daß das Berufsmilitär, das durch
Neigung und Erziehung auf das Kriegshandwerk eingestellt ist
und das in Kriegszeiten ganz naturgemäß eine beherrschende
Stellung einnimmt, mit den rechtsstehenden Parteien auf das
engste zusammenhing. Die natürliche Verbindung von Militär,
Adel und Großgrundbesitz und die durch die Einrichtung des
Reserveoffiziersstandes klug geschaffene Beeinflussung der
bürgerlichen Atmosphäre durch die beim Militär maßgebenden
Anschauungen, jene ganze Verknüpfung von Imponderabilien,
die man mit dem Wort Militarismus zusammenfassen konnte,
wirkte sich fast nur im Bereich der Rechtsparteien aus. Sie
verstärkte hier die Kriegsleidenschaft, die mit naturwüchsiger
Verachtung auf diejenigen herabblickte, die nüchtern die möglichen Verluste gegen die möglichen Gewinne abwogen — mit
Verachtung nicht nur, sondern mit Erbitterung und mit töd-
lichem Haß, je stärker die Neigung zum Nachgeben wurde und
je deutlicher es sich abzeichnete, daß diese Neigung zur Partei-
sache geworden war. Daß nicht nur die Liberalen und Sozialisten, als deren Exponenten die Juden erschienen, die Friedensresolution verlangten und in deren Sinn weiter wirkten, sondern
auch das katholische Zentrum, verschlug wenig: „Juden und
Jesuiten" hieß ja schon von lange her das beliebte Schlagwort,
mit dem man alles „Reichsfeindliche" zusammenzufassen sich
gewöhnt hatte.

Der Zusammenbruch des Deutschen Reichs und der Verlauf
der Revolution gab dem Haß gegen die Juden weitere Nahrung.

Denn jetzt trat noch viel deutlicher als je zuvor in Erscheinung,
welche unverhältnismäßig große Zahl von Juden in der Führung
des Radikalismus eine Rolle spielte — die ganz natürliche Folge
jener oben dargelegten Entwicklung.

Rein wirtschaftliche Umstände kamen noch verschärfend
hinzu. Trotz allem Wahnsinn der Inflationszeit, der den Leuten
die klare Erkenntnis ihrer rasch zunehmenden Verarmung ver-
schloß und ihnen sogar sehr vielfach ein trügerisches Bild von
Reichtum vorgaukelte, hatte man doch die deutliche Empfindung für die durch den Versailler Frieden gegebene Tatsache,
daß der Nahrungsspielraum in Deutschland sehr enge geworden
war. Bei allen Illusionen über das wahre Gewicht des Geld-
überflusses, in dem Deutschland schwamm, war nur allzu fühlbar, daß es an allen möglichen Waren mangelte, daß der Preis
von Lebensmitteln und anderen wichtigen Gütern immer mehr
in die Höhe ging und für viele, ganz besonders für den Großteil des konservativ gerichteten bürgerlichen Mittelstandes,
immer schwerer zu erschwingen war. Vor allem wirkte mit
unmittelbarer Eindringlichkeit und höchst aufreizend auch die
Wohnungsnot, die die Menschen gegeneinander, ganz besonders
aber gegen alle „fremden" Mitbewerber auf dem Wohnungs-
markt erbitterte, zumal deren Zuzug unter den Augen gewisser
großstädtischer Wohnungsämter, an deren Korruption die Bevölkerung nicht zweifelte, immer mehr zunahm und Behausun-
gen fand, um die der Einheimische vergebens gekämpft hatte.
Alles traf zusammen, um ein williges Publikum für eine Agitation zu schaffen, die die Juden als einen Fremdkörper im
deutschen Staat hinstellt und ihnen um deswillen das Recht
auf gleiche Behandlung generell bestreitet.

Bei dieser Agitation hatte schon seit langem die Forderung
obenan gestanden, daß die Einwanderung von Juden nach
Deutschland, insbesondere die aus dem Osten, erschwert oder
völlig verhindert werde. Beschränkungen der internationalen

Freizügigkeit, die vor dem Weltkrieg als unantastbar und fast als eine Selbstverständlichkeit zwischen den europäischen Kulturstaaten galt, namentlich Einwanderungs- und Niederlassungsverbote, sind nach dem Krieg mehr oder weniger zwischen allen Staaten gang und gäbe geworden. Just die demokratischsten Staaten — die Schweiz und die Vereinigten Staaten von Nordamerika — stehen zurzeit mit besonders radikalen Erschwerungen solcher Art mit an der Spitze unter allen Staaten. Amerika kontingentiert die Einwanderung aus den verschiedenen Auslandsstaaten auf bestimmte, und zwar teilweise außerordentlich niedrig gegriffene Ziffern für jeden einzelnen Auslandsstaat. Die Schweiz versagt bislang grundsätzlich überhaupt jedem Ausländer das Niederlassungsrecht, der einwandern will, um in der Schweiz einen Erwerbsberuf auszuüben. Wenn Deutschland, dessen Bevölkerungsdichtigkeit seit dem Kriege stark zugenommen hat, während durch den Verlust großer, wichtiger Produktionsgebiete und der Kolonien der Nahrungsspielraum sich verengerte, ebenfalls zu Erschwerungen einer unerwünschten Einwanderung schreiten würde, so wäre dies eine Maßnahme, die sich aus seiner wirtschaftlichen Lage ohne weiteres rechtfertigen ließe. Weder Rußland noch Polen noch Rumänien — die Hauptreservoire, aus denen der Zustrom ausländischer Juden fließt — stehen zurzeit der deutschen Einwanderung offen: wie kommt das ohnehin bereits dichtbevölkerte Deutschland, das seinen natürlichen Bevölkerungszuwachs, das Heer seiner Erwerbslosen, die Überzahl seiner öffentlichen Beamten und Angestellten mit Anspannung aller Kräfte kaum durchzuhalten vermag, dazu, die russischen, polnischen, rumänischen Auswanderer an seinem mageren Tisch zu dulden? In einer Zeit, der es so schwer fällt, die einheimische Bevölkerung zu ernähren, wie die deutsche Gegenwart, hat eine Regierung alles Recht, sowohl die Einwanderung zu hemmen als auch sich aller unerwünschter Ausländer, die sich bereits im Lande aufhalten, zu entledigen, mag auch nur die einfache Tatsache der relativen Übervölkerung den Grund hiefür abgeben.

Es ist bekannt, daß auch unter den deutschen Juden selbst recht viele mit Entschiedenheit, oft mit Erbitterung über die Unmöglichkeit klagten, den auch den eigenen deutsch-jüdischen Interessen nach ihrer Überzeugung schädlichen Zustrom aus dem Osten einzudämmen. Wenn diese Stimmen in der Öffentlichkeit, sogar in Zeiten, in denen der Zustrom fühlbar angeschwollen war, nur sehr selten laut zu werden pflegten, so lag der Grund hierfür ausschließlich darin, daß es eine Maßnahme ausdrücklich nur gegen Juden war, die der Antisemitismus hier propagierte. Eine um so mehr herausfordernde Propaganda, als doch auch die Einwanderung nichtjüdischer Polen, Russen, Rumänen usw. sicherlich nicht als gerade begehrenswert für ein übervölkertes Deutschland bezeichnet werden konnte, so daß es gerechtfertigt gewesen wäre, diese Einwanderer zuzulassen und nur die aus ihrer Mitte stammenden Juden auszuschließen. Es gehört schon ein hoher Grad von antisemitischem Fanatismus dazu, um überhaupt die große Masse dieser Ostvölker im Ernst für ein kulturell wertvolleres Menschenmaterial zu halten, als es die in ihrer Mitte lebenden Juden sind. In jedem Volk entwickeln sich die Juden so, wie sein gesamtes Milieu es eben mit sich bringt, und jedes Volk hat, wie ein bekanntes Wort sagt, die Juden, die es verdient.

Durch eine Ausnahmegesetzgebung, die sich einseitig nur gegen die Juden richtet, fühlen sich mit Recht die Glaubensgenossen derer, die um ihres Bekenntnisses willen schlechter als andere Einwanderer behandelt werden, moralisch mitgetroffen. Ausnahmemaßregeln gegen Ausländer, nicht weil diese Ausländer überhaupt, sondern weil sie Juden sind, sind daher stets der schärfsten Gegnerschaft derjenigen Parteien sicher, denen es mit der Gleichberechtigung und Gleichachtung der Juden ernst ist. Entschlösse man sich, alle und jede Einwanderung gleich ablehnend zu behandeln, so wie die Schweiz es tut, oder die Einwanderung zu kontingentieren wie Nordamerika, und wären also mit den Ostjuden auch die nichtjüdischen Osteuropäer getroffen so wäre der Opposition, die sich gegen antisemitische Ausnahmemaßregeln wendet, die Spitze abgebrochen. Einzig und allein der Umstand, daß die Agitation antisemitisch aufgezogen und von der antisemitischen Demagogie geführt war, hat eine allgemeine Beschränkung der Einwanderung, wie sie in den ersten Jahren nach dem Kriegsende dringend wünschenswert war, damals vereitelt. Dieser Mißerfolg war so sicher vorauszusehen, daß man zweifeln kann, ob es den antisemitischen Drahtziehern überhaupt auf die geforderte Einwanderungsbeschränkung ankam und nicht bloß auf einen Stoff zur Hetze als Selbstzweck. Denjenigen deutschen Volksteilen, die nach einer Einwanderungsbeschränkung verlangten, war im Endergebnis jedenfalls ein schlechter Dienst damit erwiesen, daß dieses Verlangen antisemitisch ausgeschlachtet wurde und damit die Gegnerschaft aller derjenigen — keineswegs nur der Juden — herausgefordert wurde, die eine Verletzung der Gleichachtung der Juden nicht zulassen wollen.

XIII.

Die Emanzipation der Juden hatte vom deutschen Standpunkt aus nur Sinn, wenn sie bezweckte, die Juden zu vollwertigen Deutschen zu machen, sie restlos dem deutschen Volk zu assimilieren[1]). Jetzt ist sie Tatsache. Wer ihren Zweck gutheißt und ihn daher, insoweit er ihn als noch nicht erreicht betrachtet, als noch erstrebenswert anerkennt, muß sich auf den Boden dieser Tatsache stellen und ihre Konsequenzen ziehen. Nur wer den Zweck als falsch beurteilt, darf sich diesen Konsequenzen entziehen und gegen die volle Gleichberechtigung der Juden ankämpfen.

Die Rassentheorie des radikalen Antisemitismus behauptet, die Juden seien eine besondere Rasse, die, selbstverständlich minderwertig, bei einer Blutvermischung mit dem deutschen Volk dessen Blut nur verderben könne. Von der Wissenschaft wird diese Theorie nur wenig ernst genommen. Hier soll mit ihr um so weniger gerechtet werden, als auf sie zutrifft, was bereits oben erörtert wurde: daß nicht sowohl die angebliche Minderwertigkeit der jüdischen „Rasse" den Antisemitismus begründet, als daß vielmehr umgekehrt der aus sonstigen Gründen vorhandene Haß gegen die Juden erst die Theorie geschaffen hat, mit der er sein Dasein hinterher zu rechtfertigen sucht. Aber wie dem auch sei — jedenfalls muß zugegeben werden, daß wer nun einmal an diese Rassentheorie glaubt, durchaus logisch verfährt, wenn er die Emanzipation der Juden wieder beseitigen und den als nichtassimilierbar diagnostizierten Fremdkörper aus dem Organismus des deutschen Volkes wieder ausstoßen will.

---

[1]) Siehe oben Seite 16.

Die „völkischen" Parteigruppen, die solche Forderungen erheben, sind nur zum Teil der konservativen Richtung zuzuzählen. Ein großer Teil ist, von den speziell gegen die Juden gerichteten Programmforderungen abgesehen, dem Linksradikalismus weit näher verwandt. Nicht wenige stehen auch auf einem ausgesprochen kirchenfeindlichen Boden und hassen oder verachten das „verjudete" Christentum, dem neben dem Neuen auch das Alte Testament heilig ist und als Grundlage dient. Die zahlenmäßige Stärke dieser Gruppen insgesamt fällt zwar bekanntlich nicht sehr ins Gewicht und die Wahrscheinlichkeit, daß sie in Deutschland ihr antisemitisches Programm auch nur zu einem erheblichen Teil jemals werden verwirklichen können, wird ernstlich wohl kaum ein Politiker hoch einschätzen. Desto stärker aber ist der Einfluß ihrer fanatischen Agitation auf die allgemeine Stimmung und das soziale Verhalten derjenigen Kreise, die, ohne das radikal-antisemitische Programm zu billigen, also ohne an der Tatsache der Emanzipation der Juden rütteln zu wollen, dem Judentum doch unfreundlich gesinnt sind. Daß und weshalb dies in erster Linie die konservativ eingestellten Kreise sind, ist bereits erörtert worden.

So lassen sich die Konservativen verleiten, eine Nadelstichpolitik zu treiben, die von allen Möglichkeiten der Politik die kurzsichtigste und die unfruchtbarste ist. Die bürgerliche Gleichberechtigung der Juden wird nicht in Frage gestellt — auf dem Papier; aber man stemmt sich dagegen, diese Gleichberechtigung sich voll auswirken zu lassen. Vor allem zu öffentlichen Stellungen, als Beamte aller Art, zumal zu Ämtern höherer Kategorie sollen die Juden entweder nicht oder nur in einer eng begrenzten Zahl zugelassen werden, und wenn die Zulassung einmal geschehen ist, so werden dem Vorwärtskommen dieser Juden die möglichsten Schwierigkeiten bereitet, soweit jener Einfluß reicht. Soweit er die Presse beherrscht, ist diese beflissen, jede mögliche und jede unmögliche Gelegenheit zu benützen, den Juden etwas anzuhängen. Die ganze Haltung und der ganze Ton der so beeinflußten Kreise ist darauf zugeschnitten, den Juden zu zeigen, daß man auf sie heruntersehe. Es geschieht von dieser Seite, was nur überhaupt geschehen kann, um stolzen Juden die Assimilierung zu erschweren und zu verleiden.

In den Jahrzehnten vor der Revolution war dies die herrschende Politik gegenüber den Juden. Es war eine ähnliche Politik, wie sie auch, um nur ein Beispiel zu nennen, gegen die Elsässer betrieben wurde. Es war ein politisches Kunststück gewesen, diesen urdeutschen Volksstamm durch eine schikanöse und demütigende Behandlung so abzustoßen, daß er den Abfall vom Reich ersehnte; aber der „preußischen" Regierungsweise gelang es. Es waren die gleichen Herren und es war der gleiche Geist, der auch den Antisemitismus protegierte.

Die Juden sind ein aristokratisch gearteter Stamm, bei dem Familiensinn, Familientradition und Familienstolz eine beherrschende Rolle spielen. Demütigungen und Schikanen können sein Selbstgefühl und seinen Selbstbehauptungstrieb nur stärken. Es konnte daher auch nicht ausbleiben, daß der Nationalismus, der im Laufe des 19. Jahrhunderts fast alle europäischen Völker mehr oder weniger stark ergriffen hat, auch bei den Juden seinen Einzug hielt. Dieser jüdische Nationalismus verkörpert sich in erster Linie in der zionistischen Bewegung, die dem jüdischen Volk eine öffentlich-rechtlich gesicherte Heimstätte in Palästina schaffen will und die ihre Anziehungskraft auf diejenigen Juden ausübt, die ihre jüdische Abstammung so stark empfinden — weil sie sie eben unter dem Druck des Antisemitismus so stark empfinden gelernt haben —, daß sie sich als ein besonderes Volk, als eine besondere Nationalität fühlen.

Ein sehr großer Teil der deutschen Juden, insbesondere der

liberalen Juden, steht dem Zionismus freilich mit Skepsis, vielfach sogar in schärfster Feindschaft gegenüber. Diese wurzelt darin, daß der Zionismus auf eine Abkehr von den Aufklärungsideen hinausläuft, die der Judenemanzipation seinerzeit zugrunde gelegen haben. Um diese war von den Juden gekämpft und gerungen worden, weil sie die äußere rechtliche Anerkennung ihrer vollen Gleichheit mit den anderen Bewohnern des deutschen Landes darstellte, mit denen eine und dieselbe hochstehende Kulturgemeinschaft zu bilden ihr Streben und ihr Stolz war. Der Zionismus aber will von dieser Angleichung nichts wissen. Denn das Fortbestehen und die Macht der antisemitischen Bewegung hat den Zionisten den Glauben daran genommen, daß von der anderen Seite die Gleichstellung mit rückhaltslosem Ernst gewollt und daß sie daher in Wirklichkeit überhaupt erreichbar sei. Den Juden werde trotz der schönsten Gleichheitsgesetze doch tatsächlich immer nur die unwürdige Rolle bloßen Geduldetseins beschieden sein, es wäre denn, daß sie ihr Judentum völlig ablegen. Dieses aber habe nicht allein religiösen, sondern nicht minder auch nationalen Eigenwert und gleich jeder anderen Nation besitze auch die jüdische ein natürliches Recht auf ein Eigenleben; dessen Pflege und Entwicklung habe jedoch ein eigenes staatliches Leben auf eigenem Territorium zur Grundvoraussetzung.

Der Zionismus begegnet sich also mit dem Antisemitismus in der Geringschätzung der Erfolge der Emanzipation und in dem Verlangen nach Trennung der Juden von ihrem sogenannten Wirtsvolk.

Als eine nationalistische Bewegung hat der Zionismus schon von vornherein auch alle diejenigen zu Gegnern, die die allgemeine Menschheitsidee in einen solchen Gegensatz zu der nationalistischen Idee stellen, daß sie in jedem Nationalismus als solchem ein Kulturhemmnis reaktionärer Art erblicken.

Um den Zionismus den jüdischen Liberalen unsympathisch zu machen, kommt aber noch ein weiteres hinzu: seine entschieden religiöse Färbung. Zwar ist der Zionismus an und für sich in religiöser Hinsicht tolerant und muß es wohl auch sein, wenn er seinen völkischen Grundgedanken konsequent vertreten will. Als Jude muß dem völkischen Zionisten gelten, wer immer jüdischer Abstammung und sich deren bewußt ist, mag er gleichviel welcher religiösen Schattierung angehören; selbst solche, die aus der jüdischen Religionsgemeinschaft ausgetreten sind oder die einer anderen Religionsgemeinschaft bereits angehören, können sich um ihrer Abstammung willen zur jüdischen Nation bekennen, folglich die zionistische Gemeinschaft suchen und können logischerweise verlangen, von ihr als Mitglieder anerkannt zu werden. (Die Zahl der getauften Juden freilich, die sich völkisch noch als Juden fühlen und bekennen, ist sicherlich gering.) So ist es ganz natürlich, daß in der zionistischen Bewegung diejenigen völlig den Ton angeben, die sich nicht nur völkisch, sondern zugleich auch religiös als gute Juden fühlen. Und es ist weiterhin verständlich, daß der Drang, die jüdische Eigenart als eine völkische herauszuarbeiten, dazu führt, auch die eigene Religion schon allein um ihrer Besonderheit, um ihres Gegensatzes zu allen anderen willen als charakteristisches Attribut des jüdischen Volkes zu betrachten und als solches möglichst sichtbar herauszustellen. Es läßt sich daher nicht leicht denken, wie der jüdische Staat, wenn er im Sinne der Zionisten ausreifen sollte, ein anderes als ein stark theokratisches Gepräge haben könnte. Gerade dies aber ist ebenfalls wiederum ein Moment, das die „Aufgeklärten" unter den Juden abschreckt und zur Gegnerschaft reizt.

Die jüdischen Gegner des Zionismus können sich nicht genugtun, auf die Schwierigkeiten und Gefahren hinzuweisen, mit denen dieser in Palästina zu kämpfen hat. Und in der Tat beruht zurzeit die Sicherheit der jüdischen Siedelung in Palästina in allererster Linie auf dem guten Willen und dem derzeitigen politischen Bedürfnis Englands, dem der Völkerbund das Palästina-Mandat übertragen hat. Aber es sieht nicht danach aus, als wollten die Zionisten sich von irgendwelchen Gefahren schrecken lassen. Es wäre dies auch in der Tat ein schlechtes Zeichen für die jüdische Befähigung zur Bildung eines eigenen staatlichen Volkskörpers. Denn es ist schon so, daß alle Völker den Weg zu ihrer staatlichen Selbständigkeit nicht bloß durch Werke der Kultur und durch friedliche Verständigung mit den entgegenstehenden Interessen anderer Völker gefunden haben, sondern daß sie ihn mit Blut und Eisen sich haben erkämpfen müssen. Dieser Weg wird auch den zionistischen Juden schwerlich auf die Dauer ganz erspart bleiben.

Aber auch wenn dem Zionismus die Erfüllung seines Zieles versagt bleiben sollte, so hat er doch jedenfalls bis jetzt bereits mächtig dazu beigetragen, in breiten Kreisen des Judentums, in denen der Sinn für das Judentum bereits dem Erlöschen nahe war, diesen Sinn wieder zu beleben und ihm eine der Assimilierung bewußt und kräftig entgegenwirkende Richtung zu geben. Dies ist der Haupterfolg, den die Politik der Hetze und der Schikane gegen die Juden hervorgebracht hat. Der Geist der Emanzipation dagegen hatte, wie gezeigt, die Hinneigung zum Christentum und damit den Drang zu der auch äußerlichen Vollendung der Assimilation zu einer Massenbewegung unter den deutschen Juden werden lassen. Toleranz und Gleichachtung haben sich dem Judentum als weit gefährlicher erwiesen als aller Antisemitismus.

XIV.

Es ist mit den Juden in der Diaspora ähnlich wie mit den Deutschen im Ausland. Solange die Deutschen im Ausland bereitwillig aufgenommen wurden und ihrer Assimilierung an die anderen Völker kein Hemmnis bereitet wurde, gab es kaum ein Volk auf Erden, dessen Angehörige ein so geringes Maß nationalen Stolzes bewiesen und sich mit solcher Eile zu assimilieren bemühten wie die Deutschen im Ausland, die wenigen g e s c h l o s s e n e n Siedelungen (wie in Siebenbürgen, Südrußland, Brasilien) ausgenommen. Der Weltkrieg hat dies geändert. Nach dem Krieg begegneten die Deutschen beinahe überall im Ausland Zurückhaltung, wenn nicht offener Feindschaft. Ihre Stellung im Ausland gestaltete sich jahrelang nicht anders, nicht besser und nicht geachteter als es die der Juden in Deutschland unter der Herrschaft des Antisemitismus jemals war. Da regte sich aber auch der Stolz in diesen Deutschen. Die heutigen Auslandsdeutschen sind Träger des Deutschtums geworden, auf die das Vaterland stolz sein kann. Sie wollen sich gar nicht mehr assimilieren, sie haben gelernt, die Not zur Tugend zu machen. Den Vorteil wird das Deutschtum, den Schaden auf die Dauer das Ausland haben. Deutschland möge aus dieser Erfahrung etwas auch für die Behandlung seiner Juden lernen!

Es hat freilich stets Regierungen gegeben und wird immer solche geben, die es unter gewissen Umständen für nützlich halten, nach dem Grundsatz divide et impera verschiedene Teile einer Bevölkerung gegeneinander auszuspielen, um mit Hilfe dieser Zwietracht das Volksganze leichter im Zaume halten zu können und ganz besonders, um in schwierigen

Lagen eine Volksstimmung, die dem Staat oder der Regierung gefährlich werden könnte, in eine dem Ganzen minder gefährliche Richtung abzulenken. Volksfremde Teile und Sektierer haben es sich seit jeher gefallen lassen müssen, das Martyrium solcher Regierungskünste in bevorzugtem Maße auf sich zu nehmen. Es kann nicht wundernehmen, daß ganz besonders oft auch die Juden dazu haben herhalten müssen, ein Sicherheitsventil dieser traurigen Art abzugeben. Und nicht nur Regierungspolitik, sondern auch Parteipolitik und wirtschaftliches Sonderinteresse suchen sich zuweilen dieses macchiavellistische Sicherheitsventil zunutze zu machen als ein Mittel, um irgendeine ihnen gefährliche Massenbewegung in eine ihnen ungefährliche Richtung zu lenken. Wenn zum Beispiel heutzutage in Deutschland Agrariertum und Schwerindustrie, die beiden in sich geschlossensten und nicht nur wirtschaftlich, sondern zugleich auch politisch am einheitlichsten und zielklarsten geführten Gruppen des Kapitalismus, der antisemitischen Bewegung offen oder versteckt Unterstützung leihen, so wäre nichts verfehlter als die Meinung, als ob diese Politik bei jedem einzelnen unter den führenden Männern der Ausfluß eigener antisemitischer Gesinnung wäre. Vollends bei den Industriellen kann hiervon gar keine Rede sein. Vielmehr handelt es sich um ein rein realpolitisch überlegtes Manöver, um den Angriff des vierten Standes, der sich sonst mit besonderer Vorliebe, wie auch ganz natürlich, gegen jene beiden Gruppen wendet, zu zersplittern und zu schwächen.

Diejenigen Juden, die einem politischen Radikalismus huldigen, sind die letzten, die sich über eine solche Entwicklung wundern und beklagen dürfen. Denn es ist nun einmal so und kann gar nicht anders sein, als daß es unter der Herrschaft des allgemeinen gleichen Wahlrechts für jede Partei darauf ankommt, möglichst viele Wählerstimmen für sich einzufangen. Selbsterhaltungstrieb und Machtwille jeder Partei drängen unweigerlich auf den Weg der Demagogie, vollends wenn die gesamte Regierung von dem Ergebnis dieser Wahlen abhängt. Daß dabei zahlreiche, weniger robust geartete Naturen, deren politische Mitarbeit wertvoll sein könnte, der Arena dieser Art politischen Kampfes fernbleiben, wird von den Parteien selbst bedauert, pflegt ihnen aber ganz begreiflicherweise nicht so schwer zu wiegen wie die brutale, jedoch für den Erfolg entscheidende Frage der Stimmenzahl. Daß aber mir dem Antisemitismus — demagogisch betrachtet — gute Geschäfte zu machen sind, liegt auf der Hand. ,,Den Antisemitismus hätten wir machen müssen!" soll in den achtziger Jahren — es war die Zeit, als Karl Lueger, der vorher zur freisinnigen Demokratie gehört hatte, sich des Antisemitismus als Sturmbockes bediente, um das liberale Parteiregiment in Österreich aus dem Sattel zu heben — der ,,freisinnige" Führer Harmening bedauernd zu seinem Parteichef Eugen Richter gesagt haben, der es allerdings von sich wies, in solcher Weise seine liberalen Grundsätze zu verleugnen.

Die Förderung des Antisemitismus ist aber auch vom k o n s e r v a t i v e n Standpunkt aus eine v e r f e h l t e T a k t i k. Denn alles, was an Wählerstimmen durch eine antisemitisch gefärbte Agitation für die konservative Rechte gewonnen wird, kann niemals den — ideellen und materiellen — Schaden aufwiegen, den die gleichzeitig hierdurch verschuldete Schwächung der Rechten infolge der Abdrängung der Juden auf die Seite der politischen Linken bedeutet. Gerade die deutschen Konservativen sollten dies um so weniger verkennen, als sie sich sonst doch stets geneigt zeigten, das politische Gewicht und die Macht der Juden sogar zu überschätzen und zu übertreiben.

Übrigens zeigt sich auch immer deutlicher, daß die antisemitische Demagogie zur Freude weit weniger ihrer konservativen Schutzherren als vielmehr des Linksradikalismus arbeitet, dem sie schon durch ihre umstürzlerische Gebarung wesensverwandt ist. Sie ist dem Autoritätsprinzip zum mindesten nicht weniger abträglich, wirkt in Wahrheit nicht weniger „zersetzend" als der Linksradikalismus, dessen Begünstigung den Juden vorgehalten wird.

Die beiden zurzeit kraftvollsten und in schweren Kämpfen zurzeit erfolgreichsten Autoritätsparteien des mittleren und westlichen Europa, die englischen Konservativen und die (freilich nur mit starken Einschränkungen zu den Konservativen zu zählenden) italienischen Faszisten — beide, zumal die letzteren gewiß nicht von einem Mangel an völkischem Selbstbewußtsein angekränkelt — verdanken diese ihre Kraft und ihre machtvolle Stellung wesentlich der Einheitlichkeit ihres Gefüges, das alles umschließt, nichts ausschließt, was ihre politische Gesinnung teilt. Sie kennen keinen Antisemitismus und das jüdische Bürgertum ihrer Länder stellt ein nicht zu unterschätzendes Kontingent zu ihren Fahnen.

Auch unter den deutschen Konservativen gibt es recht zahlreiche und sehr gewichtige Stimmen, die den Antisemitismus durchaus ablehnen, grundsätzlich und praktisch. Das Programm der alten freikonservativen Partei hat sich von den antisemitischen Forderungen und Redewendungen, die zum eisernen Bestand des deutschkonservativen Parteiprogramms gehörten, stets ferngehalten und bei den Beratungen über das jetzige deutschnationale Programm hat eine starke Minderheit, zu deren Hauptführern Helfferich gehörte, mit größtem Nachdruck vor allem gegen den Beschluß gekämpft, die Aufnahme jüdischer Parteimitglieder grundsätzlich abzulehnen. Lediglich das Interesse an der Geschlossenheit der Gesamtpartei, das über allen Einzelfragen stehen mußte, zwang damals schließlich dazu, den Kampf gegen den Antisemitismus innerhalb der Partei vorläufig zurückzustellen.

Die Parteien der konservativen Autorität, auf der Rechten

7 *

wie im Zentrum, stehen heute in Deutschland in einem schweren Kampf. Schon der katholisch-protestantische Gegensatz schwächt ihre Stoßkraft in bedauerlichstem Maße. Dazu noch den deutschen Juden den Anschluß an das konservative Lager erschweren oder gar unmöglich machen und sie fast mit Gewalt den Gegnern in die Arme treiben, ist eine kurzsichtige Politik, die auf die Dauer den schwersten Schaden der konservativen Sache selbst zufügt.

MIX
Papier aus verantwortungsvollen Quellen
Paper from responsible sources
FSC® C105338

Printed by Libri Plureos GmbH
in Hamburg, Germany